William Chester Jordan

WOMEN AND CREDIT

in Pre-Industrial and Developing Societies

ウィリアム・チェスター・ジョーダン　工藤政司 訳

女性と信用取引

りぶらりあ選書／法政大学出版局

William Chester Jordan
WOMEN AND CREDIT
in Pre-Industrial and Developing Societies

Japanese translation rights arranged with
University of Pennsylvania Press, Inc. in Philadelphia
through The Asano Agency, Inc. in Tokyo.

目次

序　文

研究の基本姿勢

本書の意図は、工業化以前の時代の女性、ならびに金の貸借と女性の関係について過去数十年間に行なわれた研究の総合である。[1] この努力は貸借関係に女性の果たした役割はかなり大きかったという仮説――実を言うと確信――で始まった。仮説の検証は質店業、投資、市場、正式の貸借制度、等々に関するデータの組織的な探索に依存している。しかし、貸借関係は一瞥しただけでも近代以前の世界では女性が経済に特異な興味深い役割を果たした領域だったように思われる。それというのも、金貸しは伝統的な取引の特徴的な側面と著しい対称をなしているからで、賃金が払われようが無給だろうが、労働者の性別に関わりなく、仕事の種類と密接な関係があるからだ。[2]

確かに、賃金のレベルや仕事の複雑さのような一定の変数は、これらの変数の時間による変化と相俟って労働力の構成に決定的な影響をもつ場合があるが、長い時間を経ても、これらの要因が性的な分業を払拭するということはめったに起こらなかった（たとえ起こったにしても一時的なことだった）。一例を挙げると、ヨーロッパでは機織業の労働力は古代と中世最盛期を通じてもっぱら女性だった。[3] 中世も後期になると、さまざまな影響で女性の独占が崩れ、男の仕事になっていった。[4] もう一つの、時の経過による変化が問題とはならない例を挙げれば、家庭のパン焼き（無報酬）は中世には女の仕事だった。多くの地域で、市場向けのパン焼き業務は現代ではおおむね男性の仕事である（しかし女性の職人がいないわけではない）。言うまでもなく、製品を市場で売ることは生産における女性の主要な役割の妨げにはならず、作った品物を売るのに差し支えることもなかった。目的が家庭消費であれ市場への出荷であれ、家禽の飼育は中世のヨーロッパではおおむね女性の仕事だった――もっとも、女性の専業というほどではなかった。[5]

したがって、労働の性的分業は近代以前のヨーロッパ社会の特徴ではあったが、一般的ではなかった。農業労働に関するかぎり、重要な長期的例外は低賃金の重労働の分野で起こった。そうした仕事には、男も女もほぼ平等な条件で競合し合った。[6] やはりある程度重要な間欠的例外は、十四世紀半ばのペストの流行などに伴う深刻な労働力不足の時期に起こった。習慣的に男の仕事とされていた鎌によるとり入れをはじめ、麦藁を束ね、荷車に積み込む、などの農作業には「平等主義的」な再配分が行なわれたし、それに劣らず重要なことは、同じ仕事をしてもとかく男のほうが高かった賃金の格差がある程度緩和された事実である。[7]

中世経済のサービス部門では、以上示唆されたきびしい差別には（例外的とはいいながら）対比があり、数は少ないながら注目すべき矛盾もある。公的な仕事はおおむね男性の専有だった。牧師の地位は男が占めていたし、プロの書記は、中世の修道院の写本室に例外的に女性がいたほかは全て男性だった。しかし、宿屋や飲み屋の経営は世代によって男と女の割合が著しく違ってはいたが、男女共通の職業だった。[8] この研究の目的で最も重要なことは、質屋と金貸し業がともに男と女の職業だったことである。

そうした男女共通の職業にあって有意味な区別は、提供するサービスの性質に関わってくる。過去には医者も両性の職業だったが、学問としての医学を専攻するのは男で、分娩の介助役には十八世紀までほとんど女が当たった。(9)

したがって、目前の事例の場合には、重要な問題は女性の金貸しないしは質屋が扱った取引、または貸した顧客が男性の扱ったそれらと異なっていたかどうかである。もう一つの問題は、女性の行なった投資のタイプが男性または機関によるそれと違っていたかどうかである。さらにもう一つは、トーニーに言わせれば寡婦と孤児の「涙混じりのオーケストラ」を引き起こしたために禁止となった高利貸しの問題である。高利貸しの禁制に対しては状況しだいで賛否両論があった。(10) これら、ならびに似たような問題が本書には頻出する。我々の焦点がサービス部門における男または女に限ったというより両性に共通の職業であることは、結論として近代以前の経済生活における女性の相対的な力と影響に関する学者の評価を変えるかもしれない。それは現在まで彼女らの農業労働と手工業への貢献の研究に基づいていた。故デイヴィッド・ハーリヒによる最近の調査（一九九〇）は信用貸しを扱っていない。しかし、中世後期には経済への女性の参加が総体的に衰退した、ないしは男性のそれに従属した、とするその調査の大きな主張を評価するに当たってはこの種の仕事の考察は重要である。(11)

女性と信用貸しに関する資料を総合する努力は面白かったが、作業は厖大な量にのぼった。学者がこの問題について多くの論文を書き、使用する言語も多岐にわたっているし、中世という長い時代において関連する経済的、社会的、宗教的、知的発達に関する書物や論文も多いので取捨選択は言うまでもなく、実りある選択のためには敢えて選ばないことも必要だった。私が総合的に行なったのは、女性と信用貸しの歴史ならびに社会学の中心的側面の健全な全体図を描くことだった。この問題をこれだけの規模で研究した例はまだない。本書は結論を脈絡化することに関心のある専門的研究者と、このテーマに関する学者の知識の限界を知ろうとする教養ある一般読者を対象としている。

できるだけ広範な総合を達成するために、私は自分の専門分野である中世ヨーロッパ史におけるさまざまな学者の発見と、古代および近代早期のヨーロッパならびに近東、アフリカ、アジア、アメリカ等々の歴史的発見を結びつけた。いくつかの例では、出会った研究は大胆だが資料的基盤が脆弱なために試論の域を出ていないものもあった。古代に関する研究などにそうした例が散見された。ほかの例では、研究者の用いている社会科学的方法、女権拡張論的見地、文学批評的手法などがそもそも中世の社会・法制史が専門の著者には馴染めず、手に負えなかったということもある。さらに、時には研究者の取り組む問題が私の専門とする時代の伝統的な学問的方法と著しく異なる、などのこともあった。こうした考え方の相違には十分に気を使ったつもりだが、本書のなかで十分な扱い方をされているトピックの選択が私の専門と気質の色合いに染まっていることには気がついている。

この研究は三部からなる「報告」である。各部は信用を提供し獲得する際の女性の活動に関する根本的問題を扱っている。第一部は消費者貸付、女性の社交性のネットワーク、およびそれを奨励し、条件づけ、限定する年齢、階級、宗教、民族、等々のさまざまな要因、といった豊かなテーマを取り上げる。データの多くは中世ヨーロッパについて行なわれた厖大な量の研究から取られたものだが、私はこれらのデータを比較検討するよう心掛けた。第二部は時間的に言って第一部の議論の続編であるが、ここでは中世後期と近代初期のヨーロッパ、とりわけこの種の貸付取引が盛んだったイギリスにおける生産的貸付（投資ならびに資本形成）に女性の果たした役割を扱っている。また、イギリス人とヨーロッパ人その他の経験の比較にも多少の努力が払われた。第三部では女性商人と貸借関係を扱っている。第三部の一つの目標は一定のレベルの普遍性を達成することにあるが、焦点は主としてサハラ砂漠以南のアフリカ、わけてもアフリカ西部やカリブ海地方の植民地時代および植民地時代以降の女性に向けられている。この研究で女性が取り上げられたのは、こうした地域の市場で女性の活躍が目立っていたことと、彼女らの役割を論じる学問的著述が広範にわたり、かつその質が高かったことによる。短い結論は、産業社会における貸借問題の歴史と――そのなかにおける女性の役割――の永続的な側面と、変化するパラメーターを示唆している。

「女性の経済的役割の歴史に基づく討議はえてしていくぶん皮相なものに終わることが多かった(12)」とマジョリー・マッキントッシュは言っている。中世後期と早期近代イギリスに関する学問について述べたものだが、彼女の言葉は他の環境にも同様にうまく当てはまる。読者には、素描したばかりの規模の比較的短い総合的研究を行なうことは似たような批評を招くことになるものと思われる。この種の総合を奨励するのは言うまでもなく、許容する特徴的な諸文化のなかにあって女性が共有するものはいったい何か。それに劣らず重要なのは、研究の限界は何かということである。

こうした問いかけに答えるには、この種の研究の理論的支柱をもっと十分に探究することが重要だろう。総合は一般論、したがって単純化に依存してはいるが、かならずしも知的に皮相なものではない、というのが私の議論の基本的姿勢である。ここで試みた規模の総合はほかならぬその性質上比較的なもので、長いあいだ解決済みと考えられていた問題に新たな疑問を呈し、偏狭な扱いを受けてきた諸問題に新しい洞察を加える所以ともなった。言うまでもなく我々は他の社会や文化における経済的関係の質を、認識された規範としての我々自身の社会や文化からのずれに関係づけて評価することは断じてやってはならない。[13]実際、たとえそれ以外の何ものでもないにせよ、この規模の総合はヨーロッパの伝統において長い時間をかけた我々自身の経験が多様なものであり、容易にその「本質を示す」ことはできないという事実を思い出させてくれる健全な指標である。

しかし、この種の総合を行なうについてはほかにも正当な理由はある。その核心には、すでに述べたように、両性間の分業が一般的な文化現象だったという認識がある。分業の性質は社会によって違うし、それぞれの社会を構成する集団によっても違う。経済交換の性質は財貨を生産したいと望み、ないしは生産を始めたり、サービスを提供するのに必要な教育や支持や保護を得るのに十分な資本（または資本設備）を蓄積する人々を必要とする。これは単純な経済社会において初期の市場向けにビールを醸造するための大桶の購入資金や、市《いち》で販売するミートパイの製造用にストーブや薪を買う金を工面する女性について冷たい表現を使っているように思われるかもしれない。身体と市場の保護のためにポン引の助けを借りる必要を受け入れる、性サービスを提供する女についてはさらに冷たい言い方になるだろう。しかし、冷たい冷たくないはともかく、それらはほとんどの歴史的社会、および多くの現代社会の日常生活の現実である。

最も広い意味における信用貸し――潜在的労働者が進んで働き、徒弟に仕事を覚える気持ちがあり、事業家に彼女が始めたいという事業をやる気がある、等々のことを信じること――は、個人生活の新たな可能性を開く鍵である。族長の支配する世界では、この広い意味における信用貸しの分布に差異が認められる。つまり大人の男性は平均して大人の女性よりも多額に借りることができるのである。しかし、信用貸しはきわめて限られた意味をもつ言葉でもあって、比較的裕福な人物が他人に進んで金を貸すことである。金の取引や商業一般が道徳的に問題だと考えられていた紀元一〇〇〇年から一三〇〇年までのヨーロッパのようなところでは、一定の形式の商取引に女性が特権的な役割を果したことは驚くに当たらないだろう[14]。西アフリカのイスラム教徒のハウサ族に見られるように、両性間の親密な社会的接触が禁止されている世界では、女性だけのあいだで信用貸しのネットワークが維持されていたとしても驚くに当たらない[15]。また、牧羊や漁労を男性の仕事として特権化している文化では、食事の支度をする女性がしばしば買い物も行ない、したがって信用貸し取引で主導的な役割を果たすようになるのもべつだん驚くべきことではない[16]。

こうした記述はさまざまな歴史上の社会や文化、ならびに現代の社会や文化に当てはまり、女性を金の貸し借りを含む特異な関係に置くものだ。言うまでもなく「社会」の概念も「文化」の概念も抽象化されるべきではない。個々の関係者が大いに活躍するか、弾力性をもっていた。そうした活躍の存在は話が必然的に勝利主義的で、女性が問題を見、可能なかぎり最上の計画を立て、「体制」を凌駕した、ということを意味するものではない。そうした結果はせいぜいのところでたまに達成されたにすぎない——しかも限られた女性集団のためにのみ行なわれたのだが——以下なぜそうだったのか、理由を述べることにする。しかし、理由の一つは今ここで挙げるべきだが、それはつまり、ほとんど常にほかの集団（かならずしも女性とは限らない）があって、彼らの身分のせいで女性一般、ないしは経済のなかで特別な位置を占める女性集団と競争していた、という事実によるのである。例えば中世ヨーロッパではユダヤ人がいるし、植民地だった西アフリカの市場には移住してきた男性がいた。また、十九世紀のカリブ海諸島にはアイルランド人の召使いがいた。[17] この時点で私が論じたいのは、経済における女性の役割、とりわけ産業革命以前の発展途上の社会には本書に提供される範囲の研究を促すに足る女性の信用貸し関係が十分にあったということである。

これらのページで明らかにできることの限界は明白で、その一つは証拠である。それは単にかつて存在した証拠があまり残っていないという問題に留まらない（それが気づかれるように古代のあらゆる研究を思索的にしている）。それはまた我々がその研究に最も関心を抱く社会の種類がせいぜいのところで部分的にしか識字力がないという事実でもあり、書記や代書人が人々の行動を記録したにしても、彼らはとかく男性の行動の記録に偏りがちだった、ということもある。第二に、大量の記録が残っていたところで問題があった。我々に関わる発展途上の社会がその適例である。そうした社会はかつて植民地社会だったために、それをもとに歴史が書かれる貴重な資料は男性への偏見に彩られているばかりか、植民地支配の期間の長短、入植社会の大小、原住民社会が破壊されて奴隷や年季奉公の召使いに取って代わられたかどうかによって違いがあるとはいえ、植民地の資料保存に一般的な歪曲された配慮の影響も受けているのである。第三には、発達の過程それ自体を強調する記録を作り出すところが「発展途上」社会の性質そのものにある。急速な工業化と国家建設の試みに関連する地殻変動的な変化がそれである。そうした事実の証拠書類による裏づけは通常、[18] 信用貸しを伴うものを含め、長期の（「伝統的」な）経済的手筈を無視するか埒外に置くものである。

この第三の配慮に関連して更なる危険がある。要するに発達記録を読む者が架空の過去を作り出す傾向がそれだ。発達の過程に内在する諸問題が厖大な量にのぼり、悲劇的、かつ圧倒的に見えてくるからにほかならない。我々は少なくとも人間関係に関してほとんど牧歌的だった過去の世界を想像し始める。「伝統」は具象化されるばかりでなく、全ての伝統の痕跡が学者の散文によって神聖化されるまで長いあいだ会わなかった友人のように具象化される。

確かに、親の代からの信用貸しが果たしてより人道に適っていたか、急速な経済発展のあった時期にそのほうが生き残れたかどうかは重要な問題で——ロマンス抜きに取り組むことのできる、また取り組まねばならない問題である。しかし、たとえ急速な発達のもとに特定の伝統的（かつ人情味のある）取り決めが崩壊しても、それに代わってどんな取り決めが行なわれ、伝統によってどんな形を与えられ強要されたか、を見るのはなお有意義であろう。多言語が飛び交う植民地時代以降の第三世界の「百万都市」では、女性が男性に伍して女性同士、または男性から信用貸し借りをするのは最大の関心事だった[19]。伝統はこうした新たな都会生活の形式に深い影響を与えたのだろうか。急激な発達と関わりのある大規模かつ循環的な男性の移住による影響によって生活を破壊された村の住民の間では、誰が誰から金を借りることができるか、ということは文字どおり死活問題だった[20]。伝統的な村の規範は新たな状況に対する創造的反応を押し止めただろうか。急激な経済発達は「影の経済」と「闇市場」を刺戟するが、それらは時としていわゆる正規の経済活動よりも重要だ——とされてきた[21]。もしそうした手筈がこれまで論じられてきたようにいささかなりと重要な意味をもっていたとすれば、我々はそれらが信用貸し問題に与えた影響力に驚かないわけにはいかない。闇市場における「信頼」の本質は何であろうか。女性の行動様式は主として習慣に形成されるのだろうか。それとも国家の抑圧的な手に従うのだろうか[22]。

当然のことながら、本書は植民地時代以降の百万都市、労働力の大量移動、非公式経済、国家形成、依存理論、アフリカやカリブ海諸島市場のようなさまざまな興味深い現象、等々の包括的ないし組織的研究ではないし、またそれらを目指すものでもないが、女性の信用貸しへのアクセス、ならびに信用貸しの提供の問題に直接関係がある場合にはこうした問題が時には詳細に扱われることになろう。本書はまた族長政治や階層制社会――さまざまな文化におけるそれらの特殊な内容、それを形成した力、その限界等々――に関する詳細な試論でもない。もっとも、族長政治や階層制社会が貸借関係に影響を与えているところでは、ほとんど全てのページにわたってそれとなく、またはあからさまに、それらの内容、力、限界などについて我々の理解のある側面が記述されている。最後に、本書は信用貸しの研究であるが、研究の過程で発展途上段階にある工業化以前の経済圏における両性間の争いと協力の本質らしきものを摑みえていると豪語するつもりはない。しかし、信用貸し関係のような伝統的生活の重要な側面における性の役割の理解は、この問題一般の継続する再検討にある程度の貢献をするはずである。いずれにしても、前にも述べたように、さまざまな文化圏で行なわれていた女性と信用貸しの問題にこれだけ長期にわたって取り組んだ人は私の知るかぎりいない。私は本書のなかで取り組んだ信用貸し関係が起こった全ての文化または社会の形成について詳述しようと試みたりはせず、結論の微妙な差異を示すべく合理的な努力を払い、結論の限界について率直に認める努力をした。この研究は恐らくより優位な立場にある他の研究に刺戟を与え、更なる研究を促すだろう。

第1部

中世における消費者融資と社交性のネットワーク

「原始」社会（縁故関係で組織され交換手段として金を広く使わなかった社会）を研究してきたほとんど全ての人々は、こうした社会の生活では少なくともある程度の信用貸しを利用する必要があったことで考え方が一致している。確かに利用された信用貸しは最も素朴なタイプで、果たして信用貸しの名に価するかどうか疑問を呈する学者も少数ながらいる。[1] そして、原始的信用貸しを贈物の交換という言葉と置き換えても分析の正確さはほとんど失われない。貸し主は実質的に受け取る側から「遅れた」互恵的な贈物を期待するだけの贈物の与え手だからである。[2]（象徴的であるなしにかかわらず）最終的に交換される贈物の価値は元の贈物の価値に著しく劣るかもしれないが、もし最初の与え手が彼または彼女の身分が上位にあることをそれが十分に認めるものであれば、それはなお受け取るに価するものである。そうした認識が起こるときにはいつでも、自由意志に基づく紐の付かない贈物として原始社会的に認識される信用貸しまたは贈物として（そうした贈物が存在すると仮定して）話題にのぼすのは被保護者の地位の創造に比べ恐らくあまり適切ではない。あるいは恐らく、これら三つを社会的ネットワークを確立し維持するという同じ必要性の表われとして話題にするほうがもっと適切だろう。いずれにしても、贈物、信用貸し、保護または被保護者の地位の関係は、資料の存在する全ての時期を通じて密接であったことがわかるだろう。

古代ギリシアやローマ時代を含め、信用貸しについて豊かな情報を提供してくれる古代社会はあいにくほとんどない。したがって資料はきわめて周到な解釈を必要とする。[3] マイケル・ロストフツェフに関わる古い見方では、古代ギリシアは消費貸付と営利的な貸付については完全に信用貸しを利用する社会だったとされる。自由農民のあいだでは金貸しは一般に行なわれていたとされる。[4] 一時期、ロストフツェフの主張はもっともらしく思われたが、これは彼が使った（きわめて少数の）証拠がギリシアのものだったためというより、ギリシアに関する彼の論考が他の古代社会から集められた資料によるものだったことによる。したがって彼の著述の読者は個人金融や金貸しがプトレマイオス王時代のエジプトで広く行なわれたことを知るのである。彼はまた紀元前四世紀の東セレウコス朝のようなギリシア社会を事業主が金貸し業から莫大な富を蓄積した社会として特徴づけた。彼は紀元前一―二世紀のカリア（小アジア南西部）の寺院が金貸しを行なっていたと指摘する。換言すれば、信用貸しは広く行なわれていたようだ。[5]

ローマもまた、ロストフツェフに言わせれば信用貸しを行なう社会で、この傾向はその権力が強大になるにつれて強まっていった。[6] 彼の言葉を借りれば、信用貸しは帝国の全域にわたって「十分に発達する」ようになった。しかも、小アジアのような一部の地域では、金貸しは典型的な裕福な農民にとって「補助的」であるにせよ「日常的な収入源」になったのである。[7]

最近のギリシア・ローマ史の専門家は、生産活動に必要な金の貸し借りに関するロストフツェフの主張についても非楽天的な見解をとるようになった[8]。消費向け貸借については贈物に似た取引が無数にあったことは誰でも認めるところだが、社会的身分が比較的低い階層で金貸しが収入を生む活動の一環として顕著（ないしは一般的）な役割を果たしていたとするロストフツェフの大雑把な一般論は根拠とする証拠に欠けている。実際問題として確かなことは何一つなさそうである[9]。

中世――背景

中世における信用貸しの位置に関する歴史文献の発達は全く異なった軌跡を描いてきた。何世紀にもわたる古代経済のさまざまな顕現において複雑化のレベルがどうであれ、中世専門家の早期の一般論は、ヨーロッパにおけるローマ帝国崩壊直後の何世紀かは信用貸しに深刻な退行が見られ、その形式および利用もなおのこと限定されたものになったとする。学者はヨーロッパにおける中世初期（いわゆる「暗黒時代」）を「自然経済」、すなわち交換には物々交換が主要な役割を占め、交換そのものの規模がきわめて小さかった時代だとしている。しかし、二十世紀初頭までには、経済史家はこうした時代像を変えることに成功した。ヨーロッパにおいてローマ帝国は政治的行政的に衰退したが、経済はそれと並行して衰退しなかった、とするのが彼らの主張である[10]。この異議申し立ては信用貸しの議論では主として生産的貸付に関する早期の主張と矛盾しない。こうした主張をする歴史家は消費向けの信用貸しを研究に価しないと見なすか、価しないとまで言わずとも、少なくとも論じるに足らないと考えた。要するに彼らは重要なことは経済発達であって、消費向けの信用貸しは中世経済の世俗的成長とどんな意味でもほとんど関わりがない、と強く主張したのである。[11]

　にもかかわらず、消費向けの信用貸しについての議論の中枢は経済成長に関する問題である。こうした議論は利子を取ることの道徳性に異議を唱え、中世の商人や銀行が進んで投資することの評価に影響を与えたからだ。その最も発達したスコラ哲学の形式では、高利貸しの道徳的分析は長期にわたる社会的慣行と、利子を取って金を貸すことに対する聖書の禁制の複雑な比較検討だった。[12]言うまでもなく権威者の意見が一致したわけではない。なかにはおよそ利子を取ることの道徳性を否定する者もいた。彼らは時間の性質に関する議論に支持を見出した。金は作物や機械ではない。金に内在する価値は取るに足らない。したがって利子は彼らの観点からすれば一定の期間にわたる金の使用（高利貸しを意味する usury は *usura* = use〈使用〉の非軽蔑辞である）に対する課徴金ということになる。[13]その一方で、時間を買うことのできる者はいない。なぜなら時間は知識と同様に神の贈物だからだ。[14]

　こうした論法は最も急進的なもので、これを適用すればほとんどの貸付金の禁止につながるだろう。しかしながら、権力筋の多くは違った考え方をした。彼らは生産的貸付——投資——は必要悪だが、善でさえあるかもしれない、と認めたのである。彼らがめったに認めなかったのは消費向け貸付で、これを困っている貧者から金を奪う行為だと考えた彼らは合法としなかった。しかし、合法的であろうがなかろうが、消費向け貸付は根絶できないようだった。したがって違った種類の歩み寄りがこの慣行をもっともらしく取り繕ったのである。困っている人に利息を取って金を貸すことは不埒な行為である。しかし、困っている借り手はそうでもしなければ飢餓の淵をさ迷うか死ぬかするしかない。したがってそうした貸付は合法的かもしれないが、神の民たるキリスト教徒はそういうことをすべきではない。しかしながら、キリスト教徒の支配者と彼らのえてして聖職にあった助言者たちは、ほとんどあらゆるところでユダヤ人がその慣行に従うことを許したのである。

パリア集団（パリアは社会の除け者）による貸付は多くの社会に見られるけれども[15]、中世ヨーロッパでユダヤ人にそうした貸付を許す議論は、兄弟から利息を取ることは受け入れ難いが、外国人から取ることは許される、とする聖書の記述に基づいている（申命記第一九—二〇節）。利息を禁じる明確な新約聖書のテクスト（ルカ伝第六章第三五節）ばかりでなく、キリスト教の普遍的概念は、キリスト教思想における兄弟と、外国人を例外とする考え方を問題化し、たえず緊張を生んできた。しかし、ある程度の不安はあるが、もし貧しいキリスト教徒が困ったときに必要な現金と生産物を手に入れることができるならば、そうした借金をする以外に取るべき方法はほとんどない、と擁護論者は容認する。利息を取ることに倫理的ないし宗教的嫌悪感を抱く大抵の社会でも同じ妥協がしぶしぶながらなされるか、少なくとも消費向け貸付市場は搾取的にならないかぎり見て見ぬふりをされたのである[16]。中世ヨーロッパでは、こうした妥協という貨幣の裏側はキリスト教徒の金貸しに対する強い非難の声が上がり続けたことだった。実際問題として、キリスト教の擁護者たちは、キリスト教徒が利息を取ってキリスト教徒に金を貸し付けている証拠を突き付けられるたびに、それに一種の「ユダヤ教徒化」という烙印を押すのが日常的になった[17]。

時がたつにつれて、ユダヤ人が利息を取ってキリスト教徒に金を貸すことの合法性に関して頻発する疑念がさまざまな非難の原因になった。論客は「惨めな人々」つまりユダヤ人に金を借りなければならない境遇にある人々の窮状を嘆いたが、そうした同情をそそる人々の典型は寡婦や、孤児や、病人たちだった。[18] 論客はまた、聖地を回復し維持するのが使命の十字軍戦士が東方への遠征費を賄うためにユダヤ人に多大の借金をしなければならない現状を知って苛立ちを覚えた。彼らはとりわけ予定どおりに利息が払えない場合に罰則の形をとった今日のいわゆる複利を、「高利中の高利」とか、「高利のうえに高利をむさぼる」と称して十三世紀の初めころから弾劾した。[19] 十四世紀には、ユダヤ人に対してしだいに反感を募らせていった世俗の君主もこうした表現を使うようになった。[20]

金貸しに対する観念論的な圧力と、キリスト教徒の金貸し、ならびに聞く耳をもつほどの全てのユダヤ人に故意に向けられた心理的圧力には厳しいものがあった。地方のずる賢い男女が金を貸すに当たって利用したと思われる夢解釈の手引書は、彼らの顧客が悪夢のなかで見たことが悪辣な貸し金を通じて貧乏人を搾取したり、貧乏人が金貸しの言いなりになることへの秘めやかな恐怖心の表現だと解釈すべきである。[21] 画家が高利貸しを描く際に、彼らをけだものとして描くなり、糞便趣味的なイメージを使うことをしないのはなぜであろうか。[22] 叙情詩と同じ構造的特徴をもつ詩で高利貸しを描いたものが数は少ないながら残っているが、これらのなかで高利貸しは「精神分裂病」や、怯える罪人として描かれ、ひたすら祈禱に明け暮れるが強欲に取りつかれて見苦しい高利の魔力を払拭することができない。そうした詩のなかで高利貸しの口ずさむ「我々が借り手を許したように我々の貸金を許したまえ」という祈りの言葉は、過酷な危機感を誘発するものである。[23]

「高利貸し」の汚い仕事を隠蔽するためにさまざまな婉曲語法が使われ、それを否定する規定にさまざまな抜け穴が利用され、多くの創造的な共謀慣行が長引く禁制を何とか出し抜いた。[24] これは中世のキリスト教世界に当てはまることで、多くのほかの「伝統的」社会についても同断だった。こうした状況は大抵の悪質な貧窮者向け貸付にしばしば心理的緊張感が伴っていたことを示唆するかもしれない。教区牧師が彼らの直面する日常的な諸問題を扱う際の一助とするために編まれた実際的な手引書は、祈りを通じて金貸しに勧告を与えることに法外なスペースを割いている。[25] 一例を挙げれば、中世の説教には教訓的な物語がつきもので、罪は死をもって償うべきことを会衆に説き、高利貸しのキリスト教への改宗、または罪を悔いなかったことによる彼らの恐るべき死をまざまざと説き聞かせる、などのことがしばしば行なわれた。[26] 中世末期（あるいはルネサンス期と言ってもいいが）には、ラブレーがエプステモンなる人物を通じて、高利貸しが地獄で罰せられるさまを想像して次のように書いている。

この世で下層民がやっているのをよく見かけるが、彼らは通りの下水溝から錆びたピンや古釘を拾い集めるのに忙しい。しかし、そうした鉄屑をハンドレッドウェイト（五〇・八キログラム）も拾ったところで、それではひとかけらのパンと交換できるぐらいのものだ。しかもそのパンがめったに手に入らない。そこで守銭奴たちは三週間以上もひとかけらのパンを口にすることもなく、夜を日に継いで働きづめの状態である……[27]

中世では女性はどのようにして消費向け信用貸しの世界に踏み込むことができたのだろうか。彼女らの役割は田舎と都会では違っていたというのだろうか。どんな事情のもとで女性は金を借りることができたのか。金を貸したとき彼女らは男性と同じ非難の対象となったのだろうか。男と女はどのように市場を分かち合ったのか。女性の金貸しは「プロ」の金貸しだったのだろうか？　女性の貸し手と借り手ははっきりした金融と社会のネットワークをもっていたのだろうか。ネットワークがどんなにはっきりしていようと、彼らは人種的、社会的境界を超越しただろうか。これらおよび関連する問いかけは本研究の第一部の主要な関心事である。

女性と消費向け信用貸し——データ

中世においては借金の踏み倒しはたゆみない訴訟の対象であり、不法な（高利をむさぼる）貸付行為はしばしば特別な取り調べの対象となって、こうした問題に関する少なくとも十三世紀以降の資料はかなり残っている。[28] このような不良貸付や不法活動の記録を額面どおりに受け止め、信用貸し市場の日常的な機能を示していると考えることには疑問の余地があって警戒したほうがよく、この問題に関して大抵の歴史家は慎重な態度をとってきた。

これらの記録に表われた貸借の種類はさまざまである。田園地帯の裁判記録のほとんど、わけても荘園や村の記録は、信用貸しによる購買、または雇主が賃金を払わないことによる借金を示唆する事例に満ち満ちている（要するに雇用主が賃金労働者への支払いをしない場合には、未払い賃金は無利子の借金として雇用主側に残る）。訴訟事件にこの種の問題が圧倒的に多かったということは、一般に信用貸しがこうした二種類の取引に同程度に重きが置かれていたという事実を反映するかどうかは、歴史家のなかには十三世紀には「大抵の農民の信用貸しは恐らく現金の貸付を含んではいなかった」と主張する者もありはするが、なお疑問のあるところだ。[29] この結論を受け入れることが難しいのは、現金の貸付の典型的な形が利息を取って貸すことを意味するためだ。返済されない有利子貸金のなかには金額が少なすぎて訴訟に持ち込むまでもない、したがって資料には表われてこないものもあった[30]。ほかの例では、裁判所で借り手が法定利息を長期にわたって、たとえ未払い分があるにせよ払ったあとで債務不履行に陥った、元金の回収を貸し主が求める事態は想像することが難しい。貸し手としては、利息の総計が元金の額を上回る稀な場合には不良貸付の公表を避けるのが賢明であろう。最後に、不当な利息を課した貸付金を回収しようとする金貸しは裁判所に訴え出ることができなかった。けれども、理由はともあれ、ほかのところでは借金のできない借り手に不当な利息を取って金を貸そうとする債権者がいたことは言うまでもない。

したがって、現存する厖大な証拠は、補足されない自然発生的な状態では、取引のあり方ばかりでなく、貸し手と借り手の性別についてもきわめて歪曲された全体像を提供することになるのは間違いがない[31]。一般的に言って、裁判所というところは、たとえ女性の貸し借りの記録を留めていたにしても、男性に関わる記録のほうが圧倒的に多いからだ[32]。これはなにも、語る必要のある話を語るにはデータが不十分だという意味ではない。先ず第一に、時には村の裁判所の資料に比べて量的に決して劣らない、ほかの貴重な資料が存在しているからである。

例えば君主の特別のはからいで、不当な貸付、とりわけユダヤ人が都市や農村で行なっていた貸付の調査が行なわれ、証拠を残していた貸付が入念に調べられた[33]。ヨーロッパ中の都市の裁判所からはかなり貴重な資料が出てくる[34]。王立裁判所からはさらに多くの資料が出てくる[35]。公証人の記録はヨーロッパ南部の都市ならびに田園社会の研究にかなり役に立つ[36]。また、バイエルン、ライン地方、イギリス、フ

ランス、等々に残っていた初期の借用証書や会計帳簿類の収集物は思いがけない発見として貴重なものだ。(37)

貧しい人々や、一時的に手元不如意な人々が洗礼式や結婚披露宴の経費を賄ったり、一家の稼ぎ手に手間賃が入るまでの食料購入費や、あるいは仕事が見つかったり、病気が治ったりするまでの生活費や、身内の葬儀の費用などの足しに金を小口に貸す人はさまざまいた。(38) 近代以前の社会にはよくあったことで、彼らの全てが「職業的な」金貸しだったわけでは決してない。(39) 時には行商人、つまりキリスト教徒とユダヤ教徒を問わず村から村へ手工芸品を売り歩いた人々が信用の置ける顧客に掛売をする。これもまたヨーロッパ以外の近代以前の文化圏ではごく普通に見られる慣行だった。(40) 聖職者もまた、口先だけの信心を説いているせいか、それとも欲の皮が突っ張っていたせいかで利息を取って少額の金を貸し付けた。(41) 彼らの活動には慈善的な側面もあったのかもしれないが、えてしてそれははっきりしないことが多かった。(42)

修道院や修道院の住人（修道僧と平修士）は折りにふれて金貸し業に携わった。(43) 彼らよりもおおっぴらに金を貸していたのは宿屋や酒場の経営者、職人、公証人、経済面で生計を立てる他の手段を否定された移民たちだった。(44) 異端者と疑われた人々も多くの社会から排斥されて地道な職業につけず、金貸しをせざるをえないか、「正統派の宗教」を蔑み、真理に無縁な悪魔の手先として金貸し業に手を染めるかした。(45) 移民者やユダヤ人のような二つないしそれ以上の社会の除け者集団が存在するところでは、彼らは時として市場を分け合い——故意にではなく、優勢な集団が抱く相対的侮蔑意識によって——最も排除された集団が借り手のうちの最も信頼の置けない者に金を貸した。(46) 時には最も裕福な紳士が依存者と見なす困っている者に貸すこともあった。チューダー・スチュアート王朝時代の最大の金貸し業者の一人であるトーマス・サットンは、巨額の金融取引が全盛期の世界で「水を得た魚さながらに大活躍をし……百姓、田舎牧師、店の経営者たちに金を貸した」。地元民は彼の気前のいい貸しぶりに好感を抱き、より広い世界との関わりで困難なことに直面すると彼に相談をもちかけた。(47)

少額の消費向け貸付を行なっていた女性の金貸しも男性に劣らず多種多様だった。彼女らが巡回金貸しだったことを証明する証拠はほとんどないが、これを除いて記録は十分にある。上流キリスト教徒の女性は同じ時期のトーマス・サットンとほぼ同じように振る舞ったらしい。(48) 中世イギリスの村の女性金貸しの証拠資料を学者が収集しているが、彼女らはキリスト教徒で、身分があまり高くはなかった。(49) 彼女らはロンドン市やソールズベリー州の質屋や、副業として質屋を営んでいた居酒屋の女将たちだった。(50) 同じことが（パリを含む）中世のフランスや、ドイツ、デンマーク、イタリア、ロシア、等々についても言える。(51) 利息を取って小口の貸付をしていたキリスト教徒の女性や、高利貸しとして知られる女性に対して、政府の命令や弁解がましい文献が繰り返し言及している。(52) あとで見るように、独特の洗練と意図をもってはいたものの尼でさえこの種の金貸し業に従事していたのである。(53)

ときおり、データベースは我々に金貸しとしての女性キリスト教徒の割合がどんなものであったかを知らせてくれる。イギリスのリトル村の裁判所記録はその割合が全ての金貸しの一四パーセントだったことを示している。(54) 英仏海峡の向こうのフランドルでも似たような割合のようで、十四世紀のゲント〔ベルギー北西部東フランドル州の州都〕では金貸しの一六パーセントが女性だった。(55) はるか南のモンペリエ〔フランス〕では、我々の知るかぎりその割合は一一・三パーセントである。(56)

女性と消費向け信用貸し——身分

金貸しのなかに女性キリスト教徒が以上述べた割合で存在したという事実は（中世ヨーロッパの都市部および田園地帯を通じてこうした数字が一般的だとは言えないと思うが）、即座に一つの重要な問題を惹起する。こうした女性は金貸しで生計を立てるプロだったのか、というのがそれだ。例外はあるにしても、そうではなかったという証拠は圧倒的に多い。むしろキリスト教徒の女性は副業で金を貸していた。女性は現金が手元にあるので商売に手を出しやすく、買い物をする際に信用借りを行ない、いい顧客に対して現金を融通し、品物を預かって質貸しをするなど、古来のパターンが繰り返された[57]。このパターンは中世を通じて続いたのである。要するに女性商人は男性に許されたほとんど全ての商売に合法的に従事することができたということだ。ビール酒場の女将や宿屋の女主人など、金を貸し、利息を取ることで亡夫の商売や家屋敷の収入の足しにする寡婦は大勢いた[58]。

中世にいわゆる消費者向け金融を行なったユダヤ人女性の問題は、資金の手に入れ方や管理を含め徹底的に研究されてきた[59]。こうした女性の一部はキリスト教徒の女性の場合のように金を内々で融通したり、副業として行なったり、ないしは亡夫の商売を寡婦になってから短期間続けたりしたにすぎなかったが、大抵は金貸しが本業だった[60]。両者の違いの説明は簡単である。十三世紀に入って証拠が豊富になるころには、金貸しないし質屋業は男女を含め主としてユダヤ人の専業になったのである。これは十三世紀のヨーロッパ（わけても南ヨーロッパ）に一般的なことではないが[61]、中世後半にユダヤ人が居住し続けた地域ではきわめて一般的なことで、この傾向は時代とともに著しくなっていく。収入を得る有力な手段とあって、金貸し業は着々と発達していったのである。

ユダヤ人女性は彼らの居住するほとんど全ての地域で金貸し業にきわめて積極的だった。中世のイギリスでは、ユダヤ人女性の金貸しが一二九〇年に禁止されるまで広く存在していたことを示す証拠がある。(62) 英仏海峡の向こう側でも状況は似たようなもので、十三世紀の北フランスでは、金を貸していたことがわかっているユダヤ人の約三分の一が女性だった。(63) 十四世紀の北フランスでは女性の金貸しの割合は三〇パーセントから五〇パーセントのあいだである。(64) 南フランスについても、例えばローヌ川に臨む中世後期のオランジュ公国ではきわめて似た状況だった。(65) ヨーロッパのドイツ語圏では、ユダヤ人女性の金貸しはいたるところにいたのである。(66)

ピレネー山脈の南側では、広範な研究が同じ現象を報告している。データが断片的なため男女の金貸しの比率は正確さに欠ける点もあるが、女性の金貸しに遭遇する頻度には驚くべきものがある。十四世紀には、ナヴァラ地域(67)〔フランス南西部およびスペイン北部にまたがるピレネー山脈西部の地域。かつて王国があった〕のユダヤ人寡婦は金貸しとしてきわめて精力的な役割を果たした。中世を通じて事業に携わる女性のなかで、寡婦はどこでもいつでも重要な立場を占め、取引の行なわれた広場でも目立っていたが、(68) ユダヤ人に関する証拠は、金貸し業に携わる既婚女性と寡婦の割合がほぼ同数だったことを示している。時には彼女らは、やはりプロの金貸しだった夫とは違う店をもつか、少なくとも違った市場で営業するかした。例を一つ挙げれば、十三世紀のカタロニアには「一部のユダヤ人女性が夫とは別個に［金貸しを含む］経済活動を手広く行なっていた」証拠がある。(69)

シモンソンの主導によるイタリアの大小さまざまなユダヤ人居住地に関する資料収集の厖大な努力は、更なるデータを明らかにした(70)。ここでもパーセンテージにはかならずしも自信がもてないけれども、イタリアのユダヤ人女性が金貸しとして経済生活に顕著な活躍をしたことは否定できない(71)。中世後期のアンコナ〔イタリア中部マルケ州の州都〕から発見された貸借関係を示す証拠書類の断片によれば、ユダヤ人債権者に占める女性の割合は約一五パーセントだった(72)。ピエモンテとサヴォヤール地方の公的記録は行政命令のなかで男女の金貸しに日常的に触れている(73)。十六世紀のクレモナ〔イタリア北部、ロンバルディア州のポー川に臨む市〕では、金貸しは男性であれ女性であれ、ユダヤ人であるべきだとされた(74)。特定のイタリアの町でキリスト教の権威筋が個人のユダヤ人(男性)に金を貸す独占権を与えたところでも、一四七七年六月十七日付のパビーアのユダヤ人独占者の陳情が示すように、女性が(不法に)進出して(75)厄介な競争相手になったりした(76)。最後に、ヨーロッパの迫害を逃れたイベリアとイタリアの移住ユダヤ人社会である十五世紀のアルバニア海岸沿いのヴァロナの社会ではこのパターンが繰り返された。要するにこの社会の女性たちは彼女らや先祖が祖国で何世紀にもわたってやってきたように、利息を取って金を貸したのである(77)。

これらの村や町でユダヤ人女性がどんな貢献をしたにせよ(このテーマはあとでまた取り上げることになろうが)、同じ仕事に携わる男性との違いは誇張すべきではない。例えばユダヤ人男性が男女の如何を問わず大抵のキリスト教徒をはじめ、中世のユダヤ人女性一般に対して間違いなくもっていた一つの利点は読み書きの能力だった。一見するとこの違いは、彼らそれぞれの貸付慣行に重大な影響を与えたと考えられるかもしれない。しかし、大抵のキリスト教徒の金貸し専門業者や、同じ職業のユダヤ人女性が職務の履行に不自由ない程度の識字と計数能力をもっていた、ということは考えられないことではない。たとえユダヤ人の女性金貸しに読み書きができなくても、彼女らがその事実によって不利になるとか、そのために全く違った振る舞いをした、かどうかは明らかではない。要するに、ユダヤ人男性を代書人として雇えばいいわけで、どのみち当時の事業は家族経営とあって、女性がこれらの技能を身につけることは絶対に必要だったわけではない[78]。実際、ユダヤ人女性に日常の契約書類が扱えなかったとか、そのために家族以外の人間を雇ったという記録はめったにない[79]。

けれども、違いは誇張すべきではないとはいえ、軽視してもならない。キリスト教徒の女性もユダヤ人女性も、集団として見ればイタリアの金貸しと違って彼女らの役割から身分の面で利益を得てはいない（確かに、後者の威信それ自体はえてして大したものではなかった）。男性および他の女性たちは折りにふれて女性金貸しの業績や富を（彼女らが自分でそれを管理する場合には）羨望の目で見る、ということはあったにちがいないが、金貸しとしての女性の活動と能力のレベルが中世社会の総体的階層性に破壊的影響を与えたという証拠は全くない[80]。この形式の女性への「力の付与」が脅威とならない性格のものだった理由の一つと考えられるのは、こうした女性たちがサービスを提供した市場と関係がある。それは単に少額貸付市場だったに留まらず、家計の足しにする程度の金額だったのである。

言うまでもなく女性もたまには多額の貸付を行なう（この問題には投資を論じる第二部で触れることになろう）。しかし、女性はもっぱら少額貸付を行ない、額にして男性の金貸しが扱う金の半分から三分の一が普通だった。フランス北部、イギリス、イタリア、カタロニアなどから発見されるユダヤ人金貸しに関する証拠書類はこの結論を支持しているようだ[81]。キリスト教徒の金貸しに関する広範な証拠もまた同様である[82]。

女性金貸しとの違いは、不作に見舞われた農民に金を貸し、鋤、鍬、馬具、砕土器、旋盤、といった農具類の修理費を用立てたことである。農具の故障はえてして農繁期に起こりがちだが、鋤や鍬は農閑期、場合によっては農産物を市場に売り出して懐が暖かくなった冬のあいだに修理しなければならない。しかし、修理を翌年の春の播種の直前まで引き伸ばすこともある。さらに、農具類は夏と秋の耕作の最盛期に損耗した結果として新たな修理が必要になる。この種のシナリオが含意する金の貸し借りの周期性を示す情報は厖大な量にのぼる。[83]貸し手が都会にいようと田舎にいようと、パターンは大して変わらない。都会の金貸しは片田舎の顧客に貸し、田園生活のリズムが中世と近世初期のヨーロッパの都市経済の周期を条件づけていたからである。[84]

大抵の農民と職人の生産者にとっては、穀物の種を買ったり、家畜を仕入れたり、道具類を修理するのに必要な借金は少額だから相手がキリスト教徒だろうとユダヤ人だろうと短期で返済することが可能で、借入期間は通常数か月以内だった。こうした借金には手の込んだ返済保証書を添えるのが慣例だったが、[85]我々の入手した資料では、やはり期間が短かった非公式の消費向け融資と本質的に変わらなかった。[86]しかし、少額とはいえ、我々が通常消費向け融資と関連づけて考えている借金より額が大きかったことに間違いはない。それは事業用融資として分類され、借りた人々に新興事業家の（限られたものではあったが）威信のはしりみたいなものを与えた。男の金貸しも家庭の消費向けに金を貸し、失業者や現金の足りないだけの者に用立てもしたが、[87]彼らの融資目的は女性の金貸しほど家庭消費向けだったわけではない。

社交性のネットワーク

家庭消費向け借金の借り手の多くは女性だった。中世ヨーロッパでは、貸し手や借り手が男だろうが女だろうが、少額融資はほとんど常に形式ばらないものだった[88]（この記述の主要な例外には中世イタリアの質屋が含まれるが、それについてはやがて述べる[89]）。こうした非形式性は既婚・未婚を問わず男性の法的「保護」下にある大人の女性が夫または然るべき男性の同意なしに契約上の義務を負うことを防止しようとする全ての法的試みを徐々に崩していった[90]。女商人、寡婦、未婚女性らが契約を法律で禁じられていなかったことは言うまでもない。十四世紀イタリアの写本の彩飾画には尼を含む大勢の女たちが子供を引き連れて町の金貸しを訪れるさまが生き生きと描かれている[91]。

家庭の切り盛りをする女性が（妻、寡婦、長女、婚期を過ぎた独身女性などとして）不釣り合いなまでに消費向け借金、つまり必需品や家族の祝いごとに必要なものの購入に充てる金を借りたのは当然のことだった。だから学者は彼女らのこうした行動の証拠を発見するのに何の苦労も要らなかったのである。ほとんどの証拠はキリスト教徒の女性の借り手に関わるものとあって、いきおい我々の議論は彼女らに集中することになる。しかし、消費用借金または困窮者の借金については、男女を問わずユダヤ人についてより多く知る必要がある。ユダヤ人のあいだには貧者を救うための社会的メカニズムがあったが[92]、頻度の如何にかかわらずそうした借金が存在したことは疑いのないところである[93]。

金貸し業者が搾取的だったか慈善的だったかも議論のあるところだ。中世後期のイタリアの律法学者《ラビ》はこの社会慣行を糾弾したが、彼らの論調にはしばしば難詰の響きがあった。[94]事実ベアトリス・ルロイはナヴァラに搾取的な慣行の例を発見したと信じている。[95]しかしアーロン・キルシェンバウムは多くのそうした貸付は慈善的なものと見なすべきだと述べており、彼の言説には説得力がある。[96]しかし、善意から出た「慈善的な」貸付も場合によっては裁判ざたになるか、もっと悪い結果に終わることもある。[97]討議で問題となるのは、ユダヤ人の歴史の研究者のあいだで深く信じられている中世キリスト教世界の敵意のある環境のなかで(単数または複数の)ユダヤ人社会は連帯感で結ばれていたとする考え方はあまりにも特権的な理想であり、厳しくて生き残ることができず、ユダヤ人社会の構成員は苦しむ同宗信徒を搾取することで連帯を危機に陥れた、とすることの真偽である。証拠はしだいに、ユダヤ人社会が生き残るかぎり、貧民救済貸付や他の形式の「搾取」に関連する社会的・個人的亀裂がなかったというよりむしろあったにもかかわらず生き残ったことを示している。「共同体の結合力は社会の裂開を禁じない[98]」。

おわかりのように、学識のこの段階で女性の役割の社会的力学を探究するはおろか、これらの問題を追求したり、ユダヤ人社会における生活資金の借り手としての女性の正確な役割を明確にすることはきわめて難しい。しかしながら、キリスト教徒の女性については、これは少なくともある程度は可能なことである。そして、発見できることは、生きていくため、または収支を合わせるために借金せざるをえなかった両集団の女性にとって密接な関係をもっていたのかもしれない。データは百姓女から貴族の女性にいたるあらゆる階層、さまざまな宗教、地域もスコットランドからドイツ、スペインのカスティリア地方からイスラム世界と境を接するあたりにまで及んでいる[99]。女性に対するほとんどの貸付が家計費の不足を補うためだったとすれば、中世ヨーロッパの金銭取引で女性の借りた金額が男性のそれに比べてかなり少なく、恐らく半分から三分の一程度だったことがあらゆる種類の少額借金のデータ[100]からわかっているが、これは何も驚くに当たらない[101]。

男性の場合と同様、これらの女性が借りた金はえてして最も広い意味での信用貸しで、換言すれば信頼性に基づいて貸し付けられた[102]。ほとんどのヨーロッパ人が暮らしていた田園ないし小さな町の環境は近隣社会の強い善意と、やはり強い近隣の憎しみを培った。善意がゆきわたったところでは、一部の貸し手、なかには金貸しを本業とする者でさえ、男と女、ユダヤ人とキリスト教徒を問わず、過去に滞りなく借金を返したことのある信頼が置ける借り手の保証だけで金を貸した[103]。時には友人や親戚同士のこうした取引のなかには「金で返さない」場合もあった。「感謝なんていいよ、私がそれを必要とするときに何かをしてくれればいいんだから」というわけである[104]。ここでも貸付と慈善の区別は難しくなる。

利息を取ることだけでこうした貸付の純粋な慈善的側面が傷ついたのである。借りる側は金を手にして嬉しかろうが、借りた額を上回る返済をしなければならないとなればかならずしも嬉しいはずはない。それでもこの考察には重きを置かれすぎるきらいがある。学者はこうした少額貸付の利息の年率換算をあまりにもしばしばやってきた[105]。利率としては週一ポンドにつき二ペニーが一般的だったが、これでは年率四三・三三パーセントとあって高すぎた。しかし、森林官の年収が六ポンドだった十三世紀の南フランスで、森林官またはその妻が二か月分の賃金に相当する額を果たして借りたかはきわめて疑わしい[106]。家計向け貸付は少額で、シリングやペニー単位であることがしばしばだった。しかも貸付期間は短く、

二、三週間、ないしは二、三か月で返済される。[107] 無い袖は振れぬとあって、貸付期間は少し延ばされることもある。そんなわけで、男女の借入者に関する資料には貸付期間の *prolongationes, prorogationes, elongamenta, elongationes*（以上は全て延長を意味する）とか *provisiones*〔手数料〕という言葉が無数に見出されるのである。[108] これはさまざまな問題の原因となり、憎悪を生み出しかねない。返済の遅れはかならずしも認められないばかりか、返済猶予の申し出そのものが貸付者の怒りを買う恐れさえあった。[109] したがってほとんど全ての少額貸付金は一年よりもはるかに短い期間で返済された。[110] だから利息の額はきわめて妥当なものだった。[111] それでも利子は借り手にとってうんざりものだったが、だからといって一部の学者が主張するような過酷な負担だったわけではかならずしもない。

いずれにしても、血縁関係、友情、敬意等に支えられた強いネットワークが男性の貸借関係や、信用貸し取引においては女性の貸借関係、ならびに女性と男性が関わる貸借関係にしばしば存在したことには何の疑問もない。社交性のネットワークに関わる全ての議論のように、問題はそれらの存在を確立することにはない。重複する貸し借りのパターンは容易に実証しうる。ある収穫期に一時的に金に困っていた百姓は、次の収穫期には以前助けてもらった者を助けることができる。[112] こうしたネットワークにある種の心理的力ないしは社会的力があったことを認めるのは難しいことではない。すでに中世後期には、人々は地域社会を結合させるそれらの力に歓喜の情を覚えることができた。少なくともネットワークに含意される関係が相互扶助的で人類平等主義に基づくものであり、ある日貸し手だった者が必要とあれば次の日に元借り手だった者を恥や当惑を覚えることなしに訪れることができるようになったのである。ラブレーの『パンタグリュエル』に登場するパンタグリュエルの相棒、おしゃれでずるくて機知があっ

て臆病なパニュルジュも言うように、

みんなが金を貸してみんなが借りるというか、誰もが貸し手で借り手の世の中を想像してみろよ。すると君、天体の運行に何という調和が起こることか……人類には平和、愛、誠実、落ち着き、宴会、喜び、金、銀、小銭、鎖、指輪、そして商品が人の手から手へ渡る。裁判ざたも戦争も争いごともない。高利貸しもいなければ大食漢もいない。守銭奴も拒絶者もおらず……人は全て善人で、正しい。おお、何と幸せな世の中だろう！　そのなかで人は三倍も四倍も幸せになれるのだ。(113)

ネットワークは決してこんなものではなかったことが問題なのである。それはいつだってバランスが取れず、相互関係が歪み、いずれかの集団に偏っていたのだ。恐らくこの不幸な現実がラブレーに、引用された科白を皮肉でずる賢い二枚舌のパニュルジュのような人物に語らせた理由だろう。我々の課題は、貸し手と借り手の関係およびそれによって作られたネットワークが当事者の階級、民族性、信仰、性、などの違いによってなぜどのように異なる（ないしは歪む）のかを示すことだ。これは全く「複雑な」問題だが、(114)解答を試みるに価する問題である。以下に部分的かつ試験的ながら少数の実例の綿密な分析を通じてそれを試みる。分析は女性の関わるネットワークの社会的・経済的圧力に対する反応の仕方がしばしば男性のそれとははっきり違っていたことを示すだろう。それはまたどのような事情、およびどうした圧力のもとでこのネットワークが壊れたか、要するに信用貸し取引に女性が関わったことがどの程度まで中世社会内部のさまざまな連帯を危機に陥れたか、を明らかにする試みともなるだろう。

もっぱら女性だけが他の女性と相互関係をもった家庭的「世界」があったことは疑いのないところだ。しかし、この世界のなかには信用貸しがほとんど何の役割も果たさなかった経済的・社会的環境があった。例えばR・H・ブリットネルは中世末期イギリスのコルチェスターの研究のなかで、女性がコルチェスター市場の時間的・空間的周辺部で買占屋、つまり市場が開く前に産物の不法な仲買行為をやっていたことを指摘している。[115] 彼の指摘は買占屋が生産者から市場価格よりも安い値で産物を買っていたことを示しているが、これは一般的に行なわれていたようだ。[116]

この慣行は二つのレベルで道理に適ったものだった。それは先ず自らの手で生産物を売るつもりの小規模な生産者に家に戻って仕事に励む自由を与え、時には買値を値切る鑑札商人が払うよりも多くの金が彼らの手に入ったからである。これはまた消費者にとってもよかった。買占屋は鑑札商人が値段に上乗せする市場の入場料金、売り場代、販売税、などを払わずにすむとあって安く売ることができたからだ。P・J・P・ゴールドバーグは「正式の市場で大量に買えない貧しい町の住民に供給することのできた」呼び売り商人を称賛して、「……彼（女）は中世都市社会のもの言わぬ多数の人間たち［!］に生活物資を供給するという必要な役割を果たした」と述べている。[117] 問題は買占屋の売る産物は品質管理が行き届かず、商品が痛んでいたり変質していてもかならずしも保証されないことだった。さらに、正式な市場ならば損失は値上げで補塡することもできた。[118]

買占屋の多くは何らかの理由でほかの商人との競争に負けて「細々とやっていた」屋台売場の持ち主（鑑札商人）の妻だった。市場の値段に手が出ない極貧に喘ぐ女性を相手にしていたこうした女性たちもまたきわめて貧しい境遇にあって、「小銭を稼ぎたい一心で小路の周辺にたむろしていた」のである。

ブリットネルの言葉によれば、彼女らは稼ぎ場にしていた（経済学的意味における）闇市場で「恥ずべき」商行為をしていたのである。ほとんどの買占屋は顧客に劣らず貧しく、「彼らの不法行為は独占的陰謀というよりむしろ生き残るための手段だった」のである。[119]

他方、ハットンの発見によれば、シュルーズベリでは買占屋の多くは寄る辺のない女や漁師の妻で、多くの場合は社会のアウトサイダーだった。[120] 零細な屋台売場主の妻（ブリットネルのモデル）としてであろうと、いいかげんな「よそ者」の妻（ハットンのモデル）としてであろうと、信用貸し（買占屋から生産者への貸付金、または生産者から買ったものへの買占屋の遅滞した支払い、または買占屋から買ったものへの顧客の支払い）はこのおおむね女性のネットワークの主要な側面だった。換言すれば、信用貸しは善意と信用を前提として始まる。中世ヨーロッパの村や町にあった買占めという末端の世界も、善意と信用がなければ存在しえなかっただろうが、買占めがこうした美徳を深めたと考えるのは滑稽だし、直感に反してもいるだろう。女性のネットワークにおける信用貸しを探究するとなれば、買占屋の暗躍した闇市場以外の領域を見る必要があるだろう。

裁判所の記録に残る証拠、公証人記録等々から、生活費向け貸付に関しては女性は女性から借りる場合がよくあったことがわかっている。このパターンは他の近代以前の文化においても認められる。[121] 残っているそうした証拠によれば、金貸しへの返済業務は通常、家庭の主婦が行なっていた。女性金貸しに利息を毎週払うのだが、前に触れた彩色画にも描かれているように、彼女らは貸し主への定期的訪問に子供を連れて出かけたものだった。これはユダヤ人とキリスト教徒とのあいだのように、貸借が宗派を越えて行なわれる場合でも同じだった。[122]

この世界のなかでは、金貸しやユダヤ人に対する印象は子供たちによって形成され、その生涯の態度を特徴づけることになる。子供たちが自分たちの社会内に異なった文化があることを知り、金を貸してもらえるのは有り難いことに間違いないので、異なった文化に属する人々が母親に救いの手を差し伸べてくれるのを感謝の気持ちで受け止めるようになるとあって、我々はその過程を積極的に考えることができる。いっそう重要なことは、こうした貸付をめぐる環境だと思う。多くは生活に困っての借金だった。したがって子供たちは、最も傷つきやすい時期に母親が金貸しと交渉する場を見ることになる。子供の目から見て知らないことのない、強いはずのキリスト教徒の親はさぞ頼りなく弱々しい存在に見えたことだろう。

金貸しがユダヤ人の場合には親の弱さはことのほか身に染みたにちがいない。それはユダヤ人とユダヤ主義一般、ならびにキリスト教徒が借金を払いに足を運ぶユダヤ人社会がキリスト教徒の親の屈辱感と結びつけて意識されることを意味する。「屈辱感」という言葉はあながち強すぎはしない。キリスト教徒の子供たちは、母親がもっていく質草に期待したほどの金が借りられなかった場合に貸し手とのあいだにしばしば起こる諍いを目の当りにせざるをえない(123)。時には、返済の滞ったことがあったのを理由に貸付を断わられることもある。こんなふうに金が首尾よく借りられなかったり、期待した額を下回ったとき母親が子供と交わした会話がどんなものだったかは想像に難くない。そうした会話で使われた言葉は記憶に留められ、繰り返され、ほかの人々の話で確かめられ、それを聞いた人々の精神世界を色濃く染め上げるなどしてその後の話を形成し、「特徴づける」ことに手を貸す。女性の貸借の社会的世界は、良性の相互依存関係の証拠である一方で、破壊的衝動の可能性を孕んでもいるのである。

しかし、女性の貸借関係の世界は、その最もうまくいっている場合には、男性の住む社会的ネットワークではありえないような仕方で一部の偏見を克服することがある。例えば女性は、信仰の違いを乗り越えて女性同士の信用取引で真摯に振る舞うことから彼女らの体面を捨てて夫の事業の継続を不可能にする偏見を乗り越えることができる[124]（この過程を逆にすることはできそうにもない）。しかし、これの最も示唆的な証拠は、マジョリー・マッキントッシュが一九八八年に発表したロンドン郊外、ヘイヴァリングの中世荘園に関する研究に含まれており、この証拠によって性と民族性の相対的力をテストすることができる。ヘイヴァリングには中世後期にフランドルからやって来た多くの移民が住みついて織物産業と交易に従事した。彼らは当時の多くの移民の例に漏れず現地住民に疎外された[125]。けれども、こうした移民社会の女性はイギリス人女性から頻繁に金を借りた。総じて移民はロンドン経済の商業化の進展、または「工業化の始まり」への反応である。拡大する経済はしだいに大きな企業を生み出し、その結果、ないしはそれと並行して多額の融資をする職業化した金融業が発生したのである。

この市場の供給側はイギリス人と彼らの利権関係者が支配していたが、イギリス人が差別していたフランドル人はこの事実に怒りを覚えた。さらに、信用市場のこうした爆発的発展を支える急速に発達しつつあった経済は不安定で、激しい物価下落と上昇を繰り返し、それが多くの移民家族の生活に深刻な打撃を与えた。したがって、階級と民族の違いを強調する新しい、より男性的な信用ネットワークが顕著になるにつれ、古い形の小口の家庭消費用融資、わけても女性から女性への貸付は民族の違いを越えて困っている移民家庭を支えるために続いた。こうした環境のなかで、面と向き合って行なう貸借関係はどういうものだったのだろうか。普段は健全な経済を一時的な不況が襲ったとき、イギリス人女性に訴えて金を借り、家計のやりくりをした妻の能力をフランドル人の夫はどう評価したのだろうか。一つだけ確かに思えることがある。それは、二つの民族の関係がどんなに難しかろうが、女同士はあるレベルで民族の障壁を破ることができる、ということだ。友情の酒宴の話ではない、これは女性同士には経済的困難に際して互助精神が存在することの明確な示唆にほかならない[126]。

女性の信用貸しで特に微笑ましいのは尼に関するものだ。ここでは強い宗教的ネットワークにとらえられた特定の女性集団が信用貸しを利用してそのネットワーク内で快適な依存性の絆を強めているさまが見られる。我々はここであらゆるやり方で善意が貸付を支え、貸付が慈善行為として出てくるさまを見る。中世には女子修道院は少数の例外を除いてきわめて資金に乏しかった。したがってそれらの信用貸しを提供する役割も限られていたのである。にもかかわらず、尼僧や修道院のなかには少額の貸付を行なっていたものもあり、その証拠はイタリアで大量に発見されている。尼僧の資産の死後調査で見出されうる未払いの有利子負債に関するデータはこの際考慮に入れないこともできる。これらは通常（しかし必ずというのではないが）女性が女子修道院に入る際に持参金として払われた「保証金《ボンズ》」である（恐らく女性は俗世界では金貸しだったが職を捨てて修道院に入ったか、家族に銀行家か金貸しがいてボンズをくれたかのいずれかだろう）。事情はどうであれ、修道院に入るためには少額の金の支払いはしばしば必要だった。あるいは彼女は保証金の利息を修道院に寄付し、最終的には保証金を修道院に遺贈した。

はるかに興味深いのは利息の付かない貸付（*prestato gratis*）から生じる死後の借金で、それは尼僧が修道院にいるあいだ委任されていた基金からキリスト教の慈善の精神に則って「返してもらうことを考えずに貸した（*mutuum date, nihil indesperantes.* ルカ伝第六章第三五節）」ことを示唆している。例えば、尼僧はより快適な部屋または暖かい部屋を確保するのに少額の金を必要とする他の尼僧に無利子の貸付をしたり、ないしはその権限を与えたりした。また、修道院生活に入るのに要る金を未婚・既婚の女性に貸すこともあった。(127) 貸した者はそうすることでキリストの教えを守り、貸してもらった者の依存心または感謝を得る。尼僧のなかには少数ながら、彼女らに恩恵を施す者がただでくれないで貸し付けたことをあまり喜ばない者もいたにちがいない。なかには感謝の気持ちすら抱かなかった者もいたであろう。しかし、この種の貸付によって創り出された社交的世界はとりたてて相手を非難するほど熟してはいなかったようである。

少額の金を貸したり、質屋を営んだりする比較的裕福な女性のあいだでときどき起こったほとんど利他的な気前の良さについて正当な比較がなされうるだろう。こうした女性の多くは、いくつかのイギリスの事例が示すように、寡婦になってから少額の金を近隣のよしみや家族の連帯感や世間体を傷つけぬよう、無利子で身近な親戚を中心に、広く主婦や若い女に貸していたもので、そうすることで彼女らが得るものは感謝と、彼女ら自身の美徳の証だけである。したがってこうした貸付の多くが今日知られるのは、許す行為が善行を施した女性の美徳の死に臨んでの（*in extremis*）更なる確証とあって、それらが遺言によって許されたからにほかならない。(128) 恐らく債務者は借金を返したいと願い、返す過程にあったのかもしれないが、それが死期の近いことを悟った貸し主たる寡婦の心にラブレーが書いたパンタグリュエル流の皮肉で豪放なユーモアを呼んで、彼女は返済の意欲があることをもって返済されたも同然と受け止めたものと考えられる。(129)

利他的行為が可能なかぎり、きわめて利他的な彩りをもつこの種の貸付は珍しくなかった。もう一つ尼僧、それも素姓の怪しい尼僧に関わる事例がある。この事例では、売春婦を路上や売春宿から救おうとするイタリアのフランシスコ会とドミニコ会の運動の結果、回心して修道院に入り生涯を終えた売春婦から情夫だった何人かの男たちが金をせびっていたらしい。こうした女性たちが死んだ際に未払いだった借金のなかには、彼らに対する少額の無利子貸付が含まれていた。[130] そうした貸付を行なうことの「心理的」ストレスを評価するのは難しいだろうが、ある程度の昇華が起こったことはほとんど間違いない。ここに回心者がまだ回心しない者を助けるということがあった。しかし、同じ程度に確かなことは、貸付を行なうことに伴う嫌悪感や郷愁の混じり合った感情と、貸し手が存命しているあいだ覚えたであろう嗅ぎつけた他の尼僧に動機を誤解されはしまいかという危惧の念である。アルジェリアの植民地社会における港の屑の生活が物語に描かれており、デイヴィッド・プロチェスカが研究をしているが、それには尾羽打ち枯らした昔の恋人やならず者がしょっちゅう出てくる。憐憫と昔の恥ずべき時代、それでいながら快楽の点綴する時代の追憶は、評判がどんな危険にさらされようが、彼らにいくばくかの金をくれてやらざるをえない気持ちにさせるのである。[131]

質屋業

最も問題となる女性同士の社会関係で、男性との社会関係でもあり、環境と対立するものとしての信用取引のタイプは質入れである。金または他の必需品を目当てに物品を入質することは聖書の昔から行なわれている。[132] それは近代以前の社会における最も頻繁な信用取引の種類かもしれない。そうした信用取引の正式の組織である質屋業は世界中のいたるところで営まれていた。十六世紀末の中国だけでもその数は二万をかぞえた。[133] ユダヤ人とキリスト教徒を問わず、記録として残っている男女の金貸しは、たとえ贔屓筋の顧客から担保を取らないことがままあったにせよ、ほとんどが質屋を営んでいたことは驚くに当たらない。こうした質屋の顧客はしばしば女性で、この証拠もまた中世ヨーロッパの地図に万遍なくばらまかれている。例えばピレネー山脈からプロヴァンス地方にいたるカタロニアと南フランス、[134] 神聖ローマ帝国、[135] といった具合である。[136] 一三九四年の北フランスにおける一人の（男性）質屋業者の目録によれば、所有する八一三の担保物件のうち二三パーセントが女性顧客の入質したものだった。[137]

ある程度まで、我々にはすでに女性の借り手の問題を考察する機会があった。彼女は操を危険にさらしたという疑惑を避けるか、女性は担保としてもっぱらカーチーフやエプロンのような「女物」を扱っているという理由で女性が経営する質屋に行くことを選んだと思われる。[138] しかし、男性の質屋を避けたにしても、こうした取引からは堕落への衝動が起こる可能性は残っている。というのは、交換の頻度に関して入質は日常的な経験だったかもしれないけれども、その社会的含意において無害だったことを意味するかということになれば、それは日常的なことではなかったからである。一つには、それは少なくとも借り手側に深刻な依存状態にあるという意識を束の間ながら創出するからだ。確かに、もし借金が繰り返されて、借り手が質草を受け出すことができず、利息を払いに何度も足を運ぶとか、ほかの質草を入れることが必要になるとかすれば、依存状態にあるという意識はいやがうえにも高まるだろう。

依存意識があるからといって、かならずしも卑屈感が生まれるわけではない。借り手にとって貴重な品物を質屋に預けるのは確かにあまりいい気持ちのものではない。貧しい女が宝石、凝ったカップや皿、寝具、晴れ着などを繰り返し手放さなければならない。夫は夫で家畜や道具類を質に入れることになるが、[139]そうしたものを一時的にもせよ失うことは家族の経済的立ち直りをいっそう先に押しやることである。聖書の昔にさかのぼる質入れに関するほとんどの命令はその危険を見越して、「水車または挽き臼を質草に取ってはならない」と申命記にも述べてある。「それは命そのものを奪う行為である」と。[140]けれども、家庭用品を入質することについて権威筋が関心を寄せたことはなかった。

概して、家庭用品に関わる取引は「妥当」とされる。つまり借り手と貸し手が、入質されて、最終的には借り手が請け出す品物の価値に妥当な値をつけて折り合い、貸金の担保とすることができるのである。しかし、取引がうまくまとまらず、結果が思わしくないこともある。質草が拒否されたり、顧客の期待をはるかに下回る金しか貸してもらえないこともある。時には借り手が請け出す前に質草が売られることもあって、[141]こうしたうまくいかない取引のほとんどの例では借り手は質屋に対して悪い感情を抱いたにちがいない。[142]

部分的には質屋と借り手の関係を研究してきた学者のあいだで得られた知恵に力を与えるのはこうした考察である。つまり、借り手側にはしばしば不当な依存意識がついて回り、貸し手にはえてして軽侮の念と高慢な態度がつきまとう。言うまでもなくそうした感情は他の信用貸し関係にも侵入しかねない。信用を付与することで金貸しは農家の小さな生産資源に対する影響力を容易に手に入れることができるからだ。融資は前貸しされた「内金」の一種と考えられるから、借り手は作物、羊毛、葡萄酒、その他何であれ産物が手に入るようになりしだい貸し手によりよい取引の権利、すなわち第一選択権を与えざるをえなくなる。これは見方によっては被保護者の地位の創出と言うことができ、両者にとって有益かもしれない。しかし見方を変えれば、そうした取引には、生産者を市場で不利な立場に置く負い目を創り出すことで人為的操作の示唆以上のものがある。そのような依存性はまた不当でもあるだろう。[143]

しかしながら、不当な依存性という感情は古典的タイプの質屋取引でははるかに一般的なものである。したがって質屋業者は尊敬されなかった。彼らのみすぼらしさが中世の質屋業のあり方に負うところが大きかったことは間違いがない。レイモンド・ド・ルーヴァーの筆になる中世質屋業困窮図は大袈裟だと思うが、この業種にしごく厄介な規制があったことは明らかである。穀物のような質草は腐りやすい。キリスト教徒である当局者は質草が売られるまで長い期間待たせたので質草の在庫がたまり、保管場所を調達しなければならなかった。質屋に質草の売却認可を獲得させないよう借り手に定期的に利子を納めさせることにした同じ当局は、利子をきわめて明白な高利と見なし、異常に高い税金をかけた。[144] 警察の規制もまた厄介だった。探偵は鵜の目鷹の目で盗品故買や、禁じられた質草（例えばキリスト教の礼拝に使われる器具）を預かった証拠を見張っていたが、そうした取り締まりも理由のないことではなかった。[145] 金貸しが危険を冒していると感じる場合（例えば追放の可能性や借金の棒引きなど）には信頼の置ける借り手からも担保を要求した、ということはこうした関係にもう一つ醜い次元を加えた。しかし、我々は何を期待すべきだろうか。追放を予見した金貸しは千枚の回収不能な約束手形よりも鞍袋二つに詰められるだけの質草を詰めて町から逃げ出したほうがいい。[146] 質草を取って金を貸す男女はしばしば疑惑の目で見られたが、彼らのうさん臭さはかなりしばしば面に表われたにちがいない。

生活用品を含む物品を質草として金を貸すことが特に悪辣だと見なされがちなのは、一つにはそうした品物が借り手にとって本来の価値を越えた感情的価値をもっていることがままあるからだ。もう一枚の上掛けや、もう一箇のメープル・カップを質草としてもってこられれば（あるいは同じカップを三度も四度もということになれば）、質屋の主人としても生活に困った人々の内にこめられた怒りにたじたじとなるところだろう。さらに、貸し手と借り手のあいだに階級、人種、民族または宗教の障壁でもあれば、この感情は両者にとって悪化するばかりだ。借り手が社会でおおむね優勢を占める集団の一員でありながら民族や宗教の面で劣位にあると思っている金貸しから借りなければならない場合には、屈辱感は転じて悪意になることもあった。その反面、貸し手の優位意識は容易に変貌して精神的な優越感と傲慢な態度を生む可能性がある——これは仕返しをしたいという潜在的な欲望の表われである。

中世ほどに遠い昔のこととあって、単一のテクストから以上述べたことが明らかになるわけではないが、一五三一年五月十日にユダヤ人から金を借りる許可をミラノ公爵に願い出たパヴィアの僧と尼僧の例を考えてみよう。彼らはさまざまな事情から赤貧洗うがごとき境遇に陥り、空腹に耐えられなくなったと訴えた。融資を確保するため、彼らは通常ならば禁じられている礼拝の用具類を質草とすることを許してほしい、と願い出た。不承々々だったかどうかはわからないが公爵は許可した[147]。融資を受けることで彼らは物質的には助かっただろう。しかし、それはキリスト教の神聖なものを穢すか貶めるかしたという意識を鎮めることも消すこともできない。その後数年以内に、町の住民のいくつかの集団がユダヤ人は法外な利子を取っていると考え、なかにはパヴィアのユダヤ人が経営する質屋を襲った者や、さまざまな手段に訴えてパヴィアからユダヤ人を追い出しにかかった者が現われたのも無理からぬことであった[148]。

質屋と借り手のあいだに否定的な感情のわだかまりがあったことはよく知られているが、この関係には少なくとも借り手側に強い積極的な側面があったことはしばしば論じられてきた。質屋を生業とする者のところへ金を借りにいけば秘密がかなり保証される。ほかのところ、例えば近い親族や隣人に借金を申し込めば、金遣いが荒いなどと非難されるはめになりがちだ。典型的な例は家計のやりくりが下手だとして息子の嫁をけなす義理の母親である。屈辱感から宗教または民族の境界線を越えることに二の足を踏んだりはしない。典型的な事例では、キリスト教徒の女性がこと仕事に関しては口の堅いユダヤ人の質屋から金を借りれば、一定のレベルのプライバシーを守ることができ、借りた者の家から入質した品物が消えていることで他人にそれとわかるぐらいのものだろう。[149] ユダヤ人や集団に所属しない相手から金を借りることの利点を客観的に評価または計測することは難しいが、それが現実にあることは間違いのないところである。いずれにしても、社会の除け者集団の金貸しと彼らの顧客のあいだには質屋業や家庭消費向けの貸付に限らず、積極的な関係の顕著な例があったように思われる。[150]

換言すれば、ユダヤ人とキリスト教徒は効果的な誠意のある共同作業を行なっていた例が発見できるのである。彼らは折りにふれて共同で事業を行なうこともあった。[151] しかし、こうした事実を一般法則化すれば致命的な危険を冒すことになる。前にも述べたように、利率は少額の短期貸付の負担を測る適切な基準ではないが、それは特定の集団が事業を惹きつける相対的能力の格好な指標である。[152] 金貸し業と質屋業の場合、取る利子が少ないのは顧客を商売敵に奪われないための配慮である。実際には利益を削ってでも競争には勝たねばならなかった。これは中世のヨーロッパではいたるところで見られた現象だった。ユダヤ人はキリスト教徒の金貸しよりも利子を安くせざるをえず、それで利益は大幅に減少した。

ある計算によれば、ユダヤ人が元金の二〇パーセントから二五パーセントの利子を取るところ、同じ地域で営業するキリスト教徒の金貸しは元金の六〇パーセントから八〇パーセントを取った(153)。キリスト教徒の金貸しは彼らにかなわなかった。短期少額貸付の利子が高すぎたからだ(154)。しかし、キリスト教徒の金貸しは高い利子を取り続けて取り締まり当局を悔しがらせた。キリスト教徒の顧客が彼らから借りることを好んだためである。この結論は時として否定されるか、異論が提出されるかした。一人の研究者は、少数ながら「あまり貪欲でない金貸し」もいたと言っている(155)！　彼の主張は実証されるようだ。実際、主流の金貸しに比べ利子の安い除け者集団の金貸しは中世ヨーロッパだけのものではない。十七世紀と十八世紀のオスマントルコ支配下にあったエルサレムの事例が比較の対象になろう。ユダヤ人は八パーセントの利子を取って事業を惹きつけた。これに対して数の多かったイスラム教徒は二〇パーセントから三〇パーセントを取ったのである(156)。

質屋業を論じるに当たって言及する価値がある特別な事例は、イタリア中とアヴィニョンの町に設立されたユダヤ人の「銀行」である。銀行という言葉を使いはするが、この組織は貧しい市民に（例えば名目五パーセントという安い利子で）消費向けや貧窮者救済貸付を行なうのが目的だった。さもなければ、大学のある町では、対象は貧しい学生だった(157)。そうした銀行は厳しい規制を受け、時には反対されて設立が困難なこともあった(158)。反対者はキリスト教徒が同意する一般資金を貧しい人々に低利で貸し付けるモンテ・ディ・ピエタ〔民衆のための質屋〕のほうがいいと考えた。問題は富裕なキリスト教徒に投資させることにあった。裕福な人もいたとはいえ、資金不足で困っている者が多かったからである(159)。キリスト教徒経営の有力な銀行がないなか、イタリアにユダヤ人の抵当銀行が設立され、十四世紀から十五世紀にかけてしだいにその数を増していった[160]。聖職者の反対は続いていたが、銀行は反宗教改革も生き延びた。貧しい人々の経済的利益に奉仕する必要性がプルマンの言葉によれば「一種の賦役《コルヴェ》、すなわち「ユダヤ人が」国家や国民のために行なうべきサービスになったから」である[161]。

銀行は通常ローマ教皇によって営業が認可された。教皇領の外に設立される場合でも、ユダヤ人自身は教皇の与える許可ないし認証にもう一つの保護の源泉を見出した[162]。銀行は広く信頼されるところとなり、一四八二年にパヴィアのユダヤ人が請け戻されない質草が増えすぎたために貸せなくなった、という噂が流れた際には、町の行政官《ポデスタ》は、もし噂が広く信じられるようになれば暴動が起きるのではないかと恐れた[163]。これは神聖なものを取引の対象としたかどでユダヤ人追放運動が起こった半世紀後のパヴィアの状況とはかなり違っている[164]。

一九三〇年代にレーヴィンソンによって検討されカタログが作成された教皇の厖大な許可証と認証書のなかには、設立または改組された抵当銀行の頭取に女性が大勢いたことがわかっている。彼女らの多くは夫の死後あとを継いだ寡婦だった[165]。残りは父親の死後跡目を継いだ娘や、少額貸付市場で家族の事業を続けるために兄弟や親戚と資本を出し合った者たちだった。アンコナという町の例を挙げてみよう。一五九八年から一六六九年までに下付された二七八の許可証や認証書のうち約一五パーセントに当たる四一が女性、または数はずっと少なくなるが、一人ないしそれ以上の女性を含む二、三人のグループに与えられた[166]。奇妙な事実は、正式に女性の管理下に置かれた貸付銀行の割合(一五パーセント)が女性債権者(やはり一五パーセント)によって行なわれたアンコナの貸金取引に関する断片的な証拠とぴったり一致することだ[167]。この統計は励みになる。それは恐らくこうした銀行に積極的な役割を果たそうとする強い傾向が女性にあったことを反映している。要するに女性は黙ってついてくるパートナーではなかったということだ。女性が積極的な役割を果たすところでは女性顧客が多かったと考えられる。あいにくこの仮説を支持する更なるデータはきわめて少ない。したがってこれは推測の域を出ないのである。

さらに、この推測が当たっているとしても、こうして作られた貸借のネットワークが社交性につながることを意味するものではない。ヨーロッパには、ユダヤ人女性が金貸しとして活動するのは感心しないから禁じるべきだとか、少なくともいくぶん制限すべきだ、と考えるキリスト教徒の為政者のいる町があった。中世後期のモンペリエや十五世紀のサロン・ド・プロヴァンスで活躍していたユダヤ人女性はほとんどいないが、キリスト教徒の男および女やユダヤ人男性はいずれの場所でも金貸し業を営んでいた[168]。宗教の違う女性のあいだで争いごとが起これば、そうした芳しからぬ印象は容易に起こるだろう。資料集を読んでみれば証明されることだが、ユダヤ人経営の抵当銀行がある町ではキリスト教徒とユダヤ教徒の女性のあいだに暴力ざたがありすぎ、楽観的な解釈はとてもできない[169]。こうした事件の一つの記録によれば、一四五二年にはクネオという町にユダヤ人追放令が発布されたが、この命令がいつ実行に移されたか、また、果たして実行されたかについては誰も知らなかった。あるフランシスコ会修道士の四旬節の説教への反動として、「ある日女子供による予期せぬ暴動が起こり、彼らは石をもて実際にユダヤ人をクネオから追い出した[170]」。女子供が暴動の先頭を切ったのは重大なことだろうか。あるいは、それが重大でないということが仮にもあるだろうか、と言い直したほうがいいかもしれない。

貴族の消費者

これまでに研究してきたほとんど全ての取引は期間が短いだけでなく、額も少なかった。しかし消費者信用貸しは庶民ばかりでなく、貴族も利用した。しかも貴族の消費「欲求」は庶民のそれをはるかに上回った。多くの貴族が借り出した多額の融資を消費向け貸付と呼ぶのは異常かもしれない。しかし、ことの真実は大抵が消費向け貸付だったらしいのである。ベリ公爵の例はこの問題を浮き彫りにすることに役立ち、多数の重要な問題を引き起こしている。(171) 公爵の財政的困窮ぶりは十四世紀後半でも有名だった。彼は主としてフランス在住のイタリアの金融業者〔初期の銀行家はイタリアのロンバルディ出身者だったことから、彼らはロンバルズと呼ばれた〕に救済を求めたが、彼は商業と国家財政に重要な役割を果たした人物である。しかしベリ公爵は一三七七年三月に万策尽きた。そこで彼の最も親しい五人の協力者が二度にわたってユダヤ人の女性質屋を訪れるためにパリのユダヤ人居留地区に入った。質屋はその名を寡婦のプレシューズといったが、訪れた男たちは公爵家の家令、私財官、支出検査官、大法官、および親しい顧問のサンセール伯爵だった。彼らはおびただしい数の質草をプレシューズに預けたが、彼女はユダヤ人金貸しの大きな集団のブローカーまたは提携者だったらしい。貸付総額は二千三百フランに達したが、その金は公爵領の製粉所の資金といった生産目的には使われず、公爵の贅沢な生き方に見合った厖大な生活費に回された。そしてもしこの点に関して疑いが起こったとしても、ほかの事実がわかれば雲散霧消するにちがいない。貸付は返済期間がきわめて短く（わずか五月一日まで）、きわめて高い利子（七八パーセント）を取ったので、他の資料からその事実がわからなければ、これは消費向け貸付だったという結論を自信たっぷりに引き出しかねない。しかし、貸付額の大きさからして、利子支払いに要する絶対的な金額はたとえ短期でもやりくりが利かぬまでに大きく、これは消費向け貸付の典型的な問題ではなかった。公爵は五月一日の支払期限が守れなかった。二百フランの利子を払ったあと、一三七八年二月一日の時点でなお九百七十二フラン五十サンチームの借金が残った。家令や支出検査官は再交渉してそれを何とか六百フランまで圧縮することができた。

このエピソードからいくつかのことが判明する。先ず第一に、そしてこれはちょっと驚くことだが、公爵の借金をめぐる秘密主義である。中世や近代初期には貴族階級が借金するのは当たり前で何ら恥ずべきことではない、と我々はとかく考えがちである。恐らくこうした印象は不当ではなく、公爵が日常的に食料を掛け買いしていたことはわかっているが、調達者の多くは女性だった。[172] しかし、この供給源には限界がある。食料供給者の資力がそれだ。公爵の最高顧問を質屋を長とするユダヤ人の金貸し組合のもとへ走らせるような種類の借金は恐らく隠しておきたいようなしだいのものだったろう。それは習慣的に信用貸しを行なっていた食品調達者や、商人や、ロンバルズらも援助の手を差し伸べたがらず、公爵は困り果てた結果、金額が金額とあって、事実上きわめて貴重な宝物でさえ質草として提供せざるをえなかったことを暗に示している。

ベリ公爵の事例はまた、多額の貸付については市場が通常の消費向け貸付と違っていたことを想起させる。もし女性に[173]多額の金を貸すだけの資金を用立てることができれば、彼女らは恐らく家庭の執事や召使いに貸したか、さもなければほかの女性ではなく、男性または男性が支配する企業に用立てただろう。例外はあったにちがいないが、通常の消費向け貸付とは異なって、女性間のネットワークは一貫して存在したのではなかった。

ベリ公爵が経済的に逼迫した理由の一つは、子供たちにいい結婚をさせるのに金が必要だったためである。実際、紳士階級（貴族ではないが紋章を帯びることを許された階級）、上流ブルジョワ階級、貴族らが結婚の費用を賄うために受けた貸付の額は膨大なものだった[174]。消費向け貸付のような融資を分類するのに快適な感情を覚えることは難しい。確かなことは、それが地域に特有だったということである。原因は、結婚適齢の貴族の男性の数が女性相続人または資産のある寡婦のそれに比べ、えてしてきわめて少なかったことにある。男はたえず決闘や、内乱や（内乱はのべつ起こったようだ）、（少なくとも十二世紀以降は）乱闘めいた騎馬戦や、十字軍への参加を含む外国への遠征などで命を落とす機会が多かった。相当な土地の相続権をもつ女性は、事実上の入札戦争のなかで適齢期の男性の保護（と愛）を競った。我々にとって最も重要なことは、女性が多額の金を貸付の形で潜在的花婿に前払いしたように見えることだ。あるいは少なくともジャック・ラヴェンズデールは、中世ケンブリッジシアの研究のなかでそうした意味の示唆をしている[175]。

我々はこうした前払金を贈与と見なすことができよう。しかし、そうした金は、首尾よく結婚が成立するまで女性の財産または家族に対して返済すべき貸付だとしか見なされなかった。潜在的夫は一つの主要な理由で貸付を受けた。要するに、表向きは未来の花嫁から贈られた気前のいい寄付を受け取ることで花嫁の父君と交誼を結んだほうが得策なわけである。この根底には慣例法があって、「夫の贈与」を貰い結婚の許可を必要とする貴族の寡婦や跡取り娘についてこの慣行を支持していたが、ラヴェンズデールはこの慣行を「寡婦を高く売りつける手段（強調は筆者）」だと述べている。これに使われた金が通例の額をはるかに越えるものだったことは明らかである[176]。こうした融資が究極的に生産的な目的に使われたであろうことは言うまでもない。

いずれにしても、消費や生活関連の支出が目的でエリートに対して行なわれたさまざまなタイプの貸付（長期信用購買を含む）の証拠は比較的多い。出所はしばしば家計簿や遺言状である[177]。ケイト・マーテスによる一二五〇年から一六〇〇年までのイギリス貴族の家庭の研究は、「厖大な数の領収書」によって経費の証拠をまとめたものだ。収支の不均衡は日常的に信用買いで暮らしていたことを示しているとする歴史家とは一線を画している、と主張しつつも、彼女は別のところで、「多くの家庭は慢性的な現金不足に苦しんでいた。したがって信用貸しで必需品その他を購入し、厖大な借金を作ったが、べつだん返済を急ぐでもなかった」と書いている[178]。

この形式の貴族や紳士階級の借金の年代記は中世と近世初期の歴史の全域を通じて枚挙にいとまがないが、経済的事情から状況が悪化した時期もあった。それを証明する一つの実例は十三世紀のイギリスとフランスが提供している。当時両国をインフレが襲い、最大の収入源が固定した地代だった貴族階級の富に危機をもたらしたのである。もう一つの例は十六世紀のスコットランドで、そこでは貴族の男女の宮廷における誇示的消費〔富や地位を誇示するための消費。T・ヴェブレンの造語〕が増えたとき、収入の相対的な非弾力性がハンディキャップになった[179]。

貴族や紳士階級の債権者になることは、時期を問わず災難でもあり思わぬ幸運でもあった。商人に支払うべき借金があるときには災難になり、貴族の家庭への物資供給の独占権を握る結果になれば幸運が舞い込んできた。金のない貴族の執事は出入りの商人の懐を当てにするしかない[180]。しかも、他の近代以前の社会で借金による被保護者の関係で実証されてきたことは、中世と近世初期の資本主義以前、および原資本主義経済にも適用されうる。すなわち、断続的にせよときどき借金を支払うことを含む商人の「長い引立て」が言うまでもなく「特価品」文化を生み出した。商人は恐らくすでに高い利子を引き下げるか（これらは額において変則的なだけの消費向け貸付であることを想起されたい）、さもなければ優先された（長期）債務者に市場価格以下で品物を提供したのである[181]。

前にも述べたように、貴族や紳士階級の家庭では執事か召使いがしばしば借金（信用買い）をした。主人ではなくて召使いに貸付をする商人や金貸しはあいにく彼らに対して潜在的に弱かった。召使いは財政に関する意見の世界では主人の善意の代行者だった。果たして彼らが法の目から見てそうだったかは別の問題である。スコットランド枢密院記録にはエディンバラに住む一人の寡婦の記録が載っているが、これは貴族の負債が危機的なまでにかさんだ十六世紀の話で、記録によれば彼女は大枚二百六十六ポンドの金を

アソル伯爵の召使いに貸し、「本人はそれを保管しいたりしが返済せず、このたび寡婦は　強制執行その他の適切な処置を求めて訴えに及びしものなり[182]。

ほかの資料によれば、アソル伯爵は商人から逃げ隠れしたとき破産の瀬戸際にあったことがわかっている。彼は厖大な借金が召使いのものであるかのように工作したのである[183]。しかし、貴族の家庭に金を貸

したり、公式、非公式に貴族の代理人を勤めることから執事の身にさまざまな問題が降りかかったにもかかわらず、この慣行は一般的だった。

さらに、貴族の借金のかなりの部分がたまたま返済されることもあり、その場合には債権者には更なる利益が生じた。こんなとき商人一家にもたらされる思いがけない収入は「強制された貯蓄」となって生産目的に使うことができ、債務者兼顧客に対する奇妙に強い好意的感情を生んだ。『虚栄の市』に登場するベッキー・シャープは、ロードン・クローリーと結婚しているあいだに金を借りた多くの商人や店の経営者、および彼女の召使いに苦しみを与えるが、二、三度にわたってかなりの借金を返した際には華やいだ気分を与え、信頼を回復した。(184)彼女の物語は、この点で近代初期のヨーロッパの無数の淑女や紳士たちの実話と何ら変わるところはない。

第2部　中世後期ならびに近代初期ヨーロッパの投資と資本形成

貴族に対して行なわれた高額の消費向け貸付の論考をもって本書の第一部は終わるが、これは投資と資本形成に女性の果たした役割に対する組織的考察への変化である。これらの言葉（および生産的貸付）によって、経済史家は、農場を開墾し、維持し、改良ないし拡大し、また農産物や製造された品物を市場に出し、輸送するのに必要な基幹施設を構築し、製造業の創設や改善を行なうための資本の蓄積を目的とする、しばしば多額の金を含む取引を意味した。したがって生産的貸付は森林を伐採して耕地化し、同じ目的で沼地の干拓を行ない、納屋を建設修理し、内陸部の水路における魚の商業的捕獲を改善するために梁《やな》をこしらえる、などの用途に使われた。それはまた職人が必要な材料を仕入れ、店を出すのに必要な設備を作るためにも使われた。生産的貸付は橋を架け、道路を改善し、水路を浚渫し、運河を開削し、平和裡に商業を行なうためにさまざまな時代に必要だった城壁や塔の建設などを行なう都市の投資にも使われた。

中世後期や近代初期のイギリスと、一般的に言ってヨーロッパ大陸は、産業革命以前における最も積極的で、複雑で、資料の豊富な投資ネットワークのいくつかの現場であった。これらの地域ではまた、彼ら自身の名前で行動し、時には特有の行動をとる多くの女性と女性組織があった（要するにこれは未婚・既婚の男性、ならびに男性組織の投資や借金のパターンとは違っていた）。だからといって、同様の現象がほかの地域、および他の時代に特別または特異な形式で存在しなかったと言っているのではない。まずは古代から始める。

古代

投資と資本形成に関するこの議論に「古代」というサブタイトルを付けることには無理があるかもしれない。こうした問題における女性の役割はおろか、男性の役割についても証拠は乏しく、きわめて特徴的である。しかし、生き残ってきた情報から二、三点、落ち穂拾いをすることができるし、それはあとで少なくとも一定の有用な方向へ我々を導いてくれるだろう。先ずマイケル・ロストフツェフの著作から始めよう。彼は第一部で注目したように、古代における信用貸しの程度と複雑化についてきわめて積極的な考え方をもっていた。(1) 消費向け信用貸しに関する彼の評価が正確であるにしろないにしろ（それを疑うに足るある程度の理由があることはわかっている）、彼の主要な関心は投資にあり、それの証拠はかなり豊富である。証拠の一部はロストフツェフ以降の時代になって初めて発見されるか解読されるかしたものだが、ギリシアまたはローマの覇権時代以前にさかのぼる。部分的ではあるが、それは古代社会における資本増大に女性の果たした役割を示している。しかも、ほとんど最古と言える記録が商売で夫に協力した妻に関わるもので、紋切り型の我々の古代生活像には表われてこないさまざまな役割を、必要に迫られてか自ら選んでかはともかく果たしていることを示すものだった。紀元前十九世紀という昔のアッシリアから出土した証拠は、夫の商売に織物を織って協力したことを示す情報を提供しているし、夫の不在時には代理を務め（この役割は非公式なものだったろうが）、一つの例では織物製造の投資家または債権者だったことがわかっている[2]。

ときおり、古代の女性の宗教生活に関わる施設が贈与か敬虔な寄付を通じて富裕になり、投資できるだけの資本を蓄積することがあった。リヴカ・ハリスは紀元前二〇〇〇年の古代メソポタミアの証拠から *naditus* ――独身のしばしば非常に裕福な女性で、神に仕えるために社会から隔絶した暮らしをしている――がそうした施設に住んでいたと論じている。資本を遊ばせておくことを嫌った施設はおおむね銀行に似た機能を果たし、「彼らの投資を……金貸しのような取引に集中した」[3]。

ロストフツェフが研究するギリシア・ローマ世界は更なる投資と、それを取り巻く社会的取り決めを残した。「投資銀行業」はギリシアでもローマでも十分に発達していなかった。しかし、ロストフツェフは、紀元前四世紀には海洋探検に対する貸付（船の沈没をもって無効となる船舶〈積荷〉担保冒険貸付）がギリシアの都市国家の貿易活動の資金源として一定の役割を果たしていたことを示すデータをかき集めることができた[4]。ただしどれだけ重要な役割だったかは疑問である。彼はまた、プトレマイオス王時代のエジプトに王室銀行が存在したことを実証した。もっとも、それの重要性と規模もまた決定することは不可能のようだ[5]。古代の大帝国の属国、大都市、寺院組織、等々を維持するには一般的に言って相当なレベルの経済的統合が行なわれていたにちがいない。そうであっても、最近の学者によれば、信用貸しは萌芽的で未発達の状態に留まっていた。アテナイ市民でさえ、本当に「大きな銀行または裕福な〈職業的〉金貸しを頼ることはできなかった」。金を借りるということには、商売人が「投資に回す資金のあるさまざまな人々のあいだを駆けずり回って」もの乞いでもするように金を集める、というイメージがつきまとった。[6] 最後に、ヘレニズム世界の地域のなかにはプトレマイオス王時代のエジプトのように、少なくともときどきは主要な建築計画などに必要な資金を調達することのできる信用貸しの萌芽的な「システム」をもっているところがあったけれども、これらは大して有意味な発達を遂げなかった。このシステムはローマ帝国の圧力でいくぶん洗練されはしたが、被征服者が破壊された都市の復興を担い、帝国に貢ぎ物をしたという事実があり、[7] 加えて過酷な課税と奴隷労働のために、恐らく信用貸しの必要がなかったのである。ローマ帝国内のあまり発達しなかったところでは、我々が論じている規模の信用貸しは聞いたことがない。ローマの存在が発達へのいささかの刺戟になったにもかかわらずである。[8]

ギリシア・ローマ時代の投資における女性の役割について我々は何を知っているのだろうか。ホロイ（*horoi*）には三人の女性の名前が記されているにすぎない。ホロイとはフィンレーが研究している境界を示す石で、それには借金や借金まみれの地所の名前が記録されている。[9] 女性の名前が記された境界石のなかにはアッティカ産は一つもない。ということは、当時（紀元前五〇〇年から紀元前二〇〇年まで）のギリシア語をしゃべる世界で行なわれていた最も複雑な信用貸しの形式について恐らく我々にヒントを与えると思われる石がないことを意味する。したがって、債権者として女性の名前の書かれた石が一つしかないという事実は、黄金時代のアテナイの経済における女性の正確な役割というより、むしろアッティカの外における資本一般が低開発状態だったことを反映している、と言えるだろう。実を言うと、ここで「債権者」という呼称が何を意味しているかはいずれにしてもはっきりしないのである。

アリストファネスが提供する紀元前四世紀のギリシアに関する資料は、ホロイの資料に示される信用貸しにおいて女性の果たした役割が小さかったという示唆が一定の事情のもとでは誤解を招く可能性があることを示している。詩人のユーリピデスの中傷に対して賠償を求めようとする女性を題材にした喜劇『女の祭り』（*Thesmophoriazusae*）のなかで、作者はあるシーンで戦争によって「富を蓄え、金を貸し、広く世間から利益を上げて」巨利を占めた煽動家のハイパーボルスの寡婦の母親を嘲笑している。アリストファネスの道徳世界では、彼女が作者の描く公の名誉ある地位に座っていることは不適切なのだ（しかも彼女は明らかに芝居によって陰らせられた現実の出来事のなかに座っている）。彼女はラマクスの母親の隣の席には価しなかった。ラマクスの母親はアリストファネスが一貫して敬う高貴な女性である。彼女に金を借りている者が借金の支払いを拒むべきだとする彼の主張にも同様に強いものがある。[10]

ハイパーボルスの母親に対する攻撃の多くは個人的である。アリストファネスが煽動家的な息子が嫌いらしかったためだ。しかしそれはアテナイという都市国家の財政に女性（および寡婦）が果たした顕著な役割を示唆している。少なくとも効果的な課税が中断されるか、税への需要が税収を上回るかするために彼女らの活動に対して慣例的に存在していた障壁を破る機会を女性に与えた戦時にはこの現象が起こった。古代にこの障壁が存在したことに疑問はない。例えばローマから挙がる証拠は、一世紀にエリスラ・サラサ（紅海、アラビア海、ペルシア湾に挟まれた土地）地域で行なわれたローマの貿易にスポンサーまたは投資家として女性が携わっていたことを示している。しかし、貿易業への投資は基本的に奴隷の身から解放された自由人の手に握られていた[11]。

古代に女性が投資に関わったことを示す証拠は断片的で散逸しやすく、例外的ではあるが、最初に私が述べたように、このテーマを後世まで追求するに当たって見据えなければならない全体像のいくつかの根本的側面を示している。夫の事業のパートナーとしての妻の立場、*naditus* を修道院に閉じ込めたことに予示される女性組織が積極的な役割を果たす可能性、寡婦の卓越性、富裕な女性に力を与える戦争の特異性、などがそれである。

中世と近代の初期——背景

いわゆる「暗黒時代」の信用貸し取引についてはきわめて少数の証拠しか残っていない。我々も知るように、組織的投資ができるほどに洗練された経済がヨーロッパにおけるローマ帝国の崩壊を生き残ったことに初期の学者たちは確信がもてなかった[12]。信用貸しと信用証券の複雑な利用は、彼らの意見ではイタリアではルネサンスまで、北ヨーロッパでは宗教改革までそれぞれ行なわれなかった。アンリ・ピレンヌ、マイケル・ポスタン、ロバート・ロペスらがとうに指摘したように、彼らの見解は誇張されていた。ピレンヌが愛し研究したフランドルの町は十二世紀以来発達した経済を誇り、市民は信用貸しを十分に理解し利用することができた[13]。ポスタンはイギリスの古文書の豊かな知識を利用して中世半ばと末期に、特にイギリスにおける生産的信用貸しの重要性を批評家が一貫して過小評価してきたことを示した。彼は独創的な研究のなかで信用証券市場、信用取引と利子（高利貸し）に対する態度、または信用取引の組織構造を論じなかったが、それらの重要性と、中世経済生活を理解するうえでのそれとの関連性は認識していた。[14] ロペスはおおむね南ヨーロッパに精力を集中した。彼はいわゆる中世の「商業革命」におけるイタリアの特別な役割という概念を好んだが、シャンパーニュの市場の経済生活のような西ヨーロッパの多くの地域にもこの革命の要素（しばしばイタリア人がもっている）を見た。王侯や自治都市の財政は世慣れた信用貸付の取り決めに依存する。そしてヨーロッパ中の事業家は十二世紀以来、商業活動と高利貸しに対してしだいに厳しくなっていく批判があったにもかかわらず、信用証券の活発な市場に携わってきた。批判には口先だけでも同意せざるをえなかった聖職者でさえ、言ってみれば最も抜け目のない事業家であり、「高利貸し」の果実から利益を上げることが嫌でもなかった。多くの聖職者は確かに、信用貸しに携わることは教皇の宮廷を含め、彼らが率いる団体が高いレベルの財政的安定と繁栄を享受する所以だと知ったのである。[15]

この自覚が貧窮者貸付の聖職者による批判において発達したのよりも投資に対して利子を取ることの経済的機能に対するもっと洗練された見方に貢献したのは間違いない。生産的貸付に対する利子は時間を買うためではなく、債権者が冒したリスクのレベルを反映するためである。例えば、海路であれ陸路であれ、あるいは河川を使おうとも、投資家が希望を託した物資の輸送が成功裡に終わるという保証はない。船やはしけは嵐に遭って沈むかもしれないし、海賊に略奪されたり沈められたりするかもしれない。キャラバンで旅をすれば待ち伏せに遭う可能性がある。投資を奨励すれば利子を払わねばならない。利子がなければ、商売に投資されることはないだろう。そして町――とりわけ港町――は崩壊の危険にさらされるだろう。[16] 利子を取ることの正当性はおろか、実益でさえ認めるのはまだ多くの聖職者にとっては釈然としないものがあった（そしてこれがこうした種類の信用貸し取引をめぐる少なくとも素晴らしい婉曲語法だった）[17]が、にもかかわらずこの制度は続き、しだいに洗練の度を加えていったのである。

この限られた意味でも、これを越えれば罪深い——つまり生産的貸付の場合でも高利になる——という合法的な利子率がどれぐらいかはまだ決まっていなかった。教会内の法律専門家は、これや類似の問題について議論を重ねた[18]。見ればわかるように、利率は現在の基準からすれば低いし、ユダヤ人金貸しに通常許された消費向け貸付の年換算で四三・三三パーセントないし八六・六七パーセントに比べると非常に低い。しかし、低かろうが低くなかろうが、銀行業の世界でも金を貸すことまたは金貸しから利益を得ることの恥辱感を根絶することは難しかった。この事実の最も印象的な例証は、恐らく、十六世紀初頭の偉大なドイツ人商人銀行家だったヤーコブ・フッガーの感受性に関して集められた証拠である。彼はもともと聖職を志したが、家業を継がざるをえず、やむなく商売の道に入った。当時のドイツにおける彼の高利貸し論の全ての詳細が知られているわけではないが、彼をはじめ無数の生まれのいい富裕な都会育ちの大立者が高利貸しに近い銀行業に「秘めやかな不満」を覚え、大いに悩んでいたらしいことがわかっている[19]。

女性と投資

罪の意識にさいなまれた中世の金貸し文化から利子付貸付をもっとオープンに受け入れる態度への移行が起こったのは近代初期のことだった、としばしば言われる。実際、この変化は時に現代性への変遷の特徴的な側面の一つだとされてきた。これには若干の真実があるが、この主張にはいささか手加減を加える必要がある。困って金を借りる貧乏人を「搾取する」ことには激しい反対が続いた。同時に、プロテスタントの国では個人的な施しに反対する考え方の強い変化が起こった。結果は恐らくどんな不安があろうが質屋と金貸し業の継続であり、貧者に対して密かに（わずかながら）金品を与えることだった。貧民救済に関する資料は、近代初期に教区と自治体一般の福祉援助を求める寡婦が増えたことを示している。[20]

利子を取って金を貸すことを奨励しないまでも、許容するという考え方への変化が起こったのは生産的貸付についてだけだった。ノーマン・ジョーンズが最近論じたところでは、先ず利子付貸付の経済的必要性が大衆にしだいに受け入れられていったが（彼はこれを一六〇〇年頃からのこととしている）、これは恐らくある程度は田園地帯にも及んだ。しかし、だからといっていわゆる救済心理とも言うべきものの変化に直ちに反映したわけではない。男も女も良心の痛みを感じ続けた（あるいは規範的資料は感じたにちがいないとする）が、それは彼らの公的活動からして我々にはほとんど期待できないことだ。[21]にもかかわらず、長い目で見れば、良心と公的必要性の分裂は前者が変わるほうへ傾いた。十七世紀半ばには——とりわけ生産的貸付に関しては——利率変更の受容ばかりでなく、その倫理的合法性の大きな変化が起こったのである。

さらに、ノーマン・ジョーンズが指摘するように、「倫理学者やローマ法学者」は、（教区の世話にならずに）生計を立てていく数少ない手段と見たために寡婦が利子を取って金を貸したり、年金に投資したりするのをいっそう正当化する傾向があった。[22]ジョーンズは北ヨーロッパ、わけてもイギリスの状況を述べている。果たしてこうした態度の変化がときおり示唆されてきたようにイタリア北部のようなヨーロッパ大陸の高度に都市化した地域にずっと早く起きたものかどうかについては議論のあるところだ。(23)しかし、議論の余地がないと思えるのは、女性が生産的貸付に少なくとも有意味なやり方で関わったことを示す資料としては、それが最も早い時期のものであることだ。ジェノヴァ、ヴェネツィア、シエナ、その他多くの都市から集められた証拠は、十三世紀に女性がすでに投資に積極的な役割を果たしていたことを確証している。(24)批判する者がいないわけではないが、にもかかわらず巨大で複雑な金融取引の世界でイタリア経済に占める女性の活躍はごく当たり前のものになった。(25)

　北イタリアに比べれば経済の発達と都市化がはるかに遅れていたヨーロッパのほかの地域にも、生産的貸付に積極的だった女性は一六〇〇年よりはるか前に存在していた。ここではユダヤ人女性の立場をとりわけ強調する必要がある。彼女らの投資がどんな性質のものだったか、詳述するのは時として不可能だが、中世中期から末期にユダヤ人女性が行なった多くの貸付の額から、普通のキリスト教徒の消費性向をはるかに上回るものだったことは明らかである。一二九〇年のユダヤ人追放以前のイギリス、十四世紀のフランス北部のユダヤ人女性、プロヴァンス中のユダヤ人女性、モーゼルのユダヤ人女性、といった具合に、証拠はヨーロッパ地図のいたるところにばらまかれている。(26)

　通常はかなりの金額を進んで危険にさらす意志がなければできない生産的貸付や投資そのものに女性が容易に手を出すようになったのは、彼女らが消費向け貸付、(27)わけても前に見たように多額の金を長期にわたって貸す貴族家庭への貸付に手を出したことにさかのぼる。それが何に発したにせよ、我々は中世末から近世初期にかけて全く驚くほどの量の証拠に遭遇するのである。二十世紀早々に出版されたアリス・クラークの描く魅力的な十七世紀イギリスの女性資本家像は、多くの学者をこの現象の研究に向かわせた。[28] 寡婦は（恐らく夫の仕事を手伝いながら）資本形成に大きな貢献をすることができた、とする彼女の印象派的な結論は、いくつかの事例では今日、統計的な支持を得ている。[29] 寡婦、独身女性、既婚女性らは多くの地方研究において重要な役割を担っていたことが資料から窺え、イギリスの近代早期のウィルトシアのある研究はそうした事例の一つである。[30] もう一つは産業革命以前のイギリスの遺書や財産目録に基づく論文に表われているが、それがイーストアングリア〔イングランド東部地方〕とランカシアに関する早い時期の研究を注目すべきものにしている。その論文のなかでB・A・ホルダーネスは「イギリスの田園社会における一五〇〇年から一九〇〇年までの最も目立った経済活動は金貸しだった」と論じている。[31]

我々は豊かさのためにとかくイギリスの事例に焦点を当てがちになるが、この点に関する女性の顕著な役割はジェイムズ・コリンズの最近の論文のなかで指摘された近代早期フランスの都市のエリートにおいても注目される。[32] そしておおむね同じ時期のいくつかのほかのヨーロッパ社会の女性と、女性の慣行についても同じことが言える。[33] したがって、議論の多くは相対的で、北部ヨーロッパでプロテスタントが成功したあと、ヨーロッパ大陸またはカトリック地域に特有だった女性の投資と貸付活動の側面を研究するいくつかの企てが行なわれるだろう。

恐らく言うまでもないことだが、中世後期と近世初期に女性が——プロテスタントにしろカトリック教徒にしろ——投資家として目立った存在になってきたことは、同時代のイスラム諸国のそれと比べても顕著である。ヨーロッパのデータよりも間違いなくパーセンテージが大きい多くの信用貸し取引が、ヨーロッパに接していたために女性の公的活動や商売が厳しく規制されていたイスラム社会では陰に隠されていたことは間違いがない。しかし、こうした社会の少数民族集団でも、生産的貸付をする女性の役割は徹底して抑えられたようだ。中世のイスラム世界では、大型貸付をする意味で一部のユダヤ人女性が金貸しとして重きをなしていたことは間違いがない。[34] しかし、時代も下ってオスマン帝国支配の近代初期になると、生産的貸付の程度が統計的に正確に再構成できるようになって、経済資本の世界におけるユダヤ人女性の地位は非常に抑制されたものになるようだ。彼女らは一定の地位を保っていた。十七世紀のコンスタンチノープルに実在していた抜け目のないユダヤ人女性商人の取引ぶりをエリーザー・ベイシャンが詳述しているが、[35] ロナルド・ジェニングズによれば、例外はあるものの大多数の生産的貸付はトルコ人によって帝国のトルコ領内で行なわれた。したがってユダヤ人男性はそうした貸付業者としては圧倒的に少数派だった。ユダヤ人女性や、その他の少数民族の女性は、大きな取引にはほとんど参加できなかった。[36] ヨーロッパの事例は特異ではないかもしれない。しかし、それが驚くべきことであったのは事実である。

投資世界に顕著な存在を示したとすれば、ヨーロッパ人女性は何に投資したのか。彼女らの貸付は男性とは違った目的でなされたのだろうか。二番目の質問に対する答えは時としてイエスであり、場合によってはノーであることがわかるだろう。先ずは中世初期の大型貸付と長期信用貸付、とりわけ田園社会に住む自由保有権者への抵当貸付形式から始めよう。貸し付けられた金は恐らく手持ちの資産の改良や新しい土地の開墾に使われた。主要な融資家または債権者で、少なくとも比較的早いころからよく知られていたのは教会だった。俗界の領主が同じ機能を果たしていたことに間違いはないが、資料はあまり多くない。ユダヤ人も携わっていたが、彼らの関与の正確な証拠はやはり比較的時代が下ってからのものである。(37) 十一世紀後半から十二世紀に知的・思想的革命が起こって金貸し業に組織的な批判が起こる前には、信用貸付の主要な提供者は聖職者と宗教施設（修道院と女子修道院）だった。

宗教施設が抵当を取って金を貸した例は枚挙にいとまがない。例えば九世紀のブルターニュでは大量の土地が担保として聖職者に差し出されたが、ウェンディ・デイヴィスによれば、それは「多くの面で……彼ら［聖職者］が事実上金貸し業を営んでいたように見える」ほどのものだった。(38) 十二世紀までと十二世紀に入ってからも、ノルマンディの修道院や、シャルトルやその近郊の同時代の宗教施設は、同じ種類の活動に日常的に従事していた。(39) コンスタンス・バーマンは、十三世紀の抵当市場で暗躍していたフランス南西部のシトー修道会の大修道院長の資料を収集した。ジェラルド・デイはサヴィニーの修道会の証拠を発見したが、これはシトー修道会のように敬虔さと厳しさで有名な教団だったが、十三世紀にブルターニュとノルマンディで似たような金貸し業に携わっていた。(40) ピレンヌはこうした土地を担保の貸付は消費向け貸付だったと言っているが、(41) これは偏見に満ちたほとんど取るに足らない意見というべきで、都市の信用取引の創造的可能性を強調したい彼の欲求に刺戟されたものだ。

女子修道院は概して男子修道院に比べて資金に乏しかったために、抵当市場ではあまり活動的ではなかった。(42) これは紛れもない事実だが、それでいてそれらの活動が取るに足らないどころではなかった証拠はかなりある。しかし、時には証拠の出典が問題になることもある。贈与とか売却という言葉が抵当であることをわかりにくくする場合もある。ヨーロッパのドイツ語圏の南部にあるリンテルン女子修道院はその歴史過程に多くの土地を買ったが、購買したという表現にもかかわらず、時として我々はこれらが条件付き、または買い戻しのできる購入で、抵当と同じだったことを発見するのである。例えば一つの例では、一二七七年には、ルトヴィヒ・ポストという名前の騎士の売り手は、十年間の期限付で館、農場、および農奴を一人、抵当に入れている。(43) クリスティーナ・ヴァニアはカルダーンとゲオルゲンベルクのシトー修道会女子修道院とヘッセン州にあるプレモントレ会士のハッハボルン家を徹底的に研究し、女子修道院に残っていたとわかっている全ての譲渡証書を分析した。これらの証書に詳述された何十もの取引は売却と思われる（なかには抵当を隠蔽したものもあるようだが）。しかし、ヴァニアはいくつかの事例にはっきり抵当を読み取っている。全てが尼僧のもとに抵当に入れられていた。十分の一税、現金または現物による賃貸料、農場、館、牧場、庭園、半端な農地など、さまざまなものが抵当に入れられた。(44)

ローマ教皇は反対したが、宗教施設は中世を通じて、カトリック教地域では近世初期にいたるまで、生産的貸付を提供することに多くの批評家の意に反して積極的だった。カルダーン女子修道院に関するヴァニアのデータは一二五六年から一五二五年に及び、ゲオルゲンベルクの場合は一二五二年から一五三七年までで、ハッハボルンは一三〇〇年から一五〇〇年ごろまでである。新世界のカトリック教地域では、宗教施設、教区組織、ならびに俗界の教団員（結社）等がこの慣行を続けた。(45) ここでは女子修道院は旧世界の女子修道院ほど貧しくはなかったとあって、植民地のメキシコでは抵当を取って貸し付ける代表的な金貸しになった。(46) 集められた証拠は予測されるように、こうした女子修道院が行なった生産的貸付はエリート階級の男性の手に渡ったことを示している。(47)

抵当それ自体は何の目的に貢献したのだろうか。宗教施設は言うまでもなく新たな土地の開墾をはじめ、地元の有産階級との交際を求めることに関心がある。貸付は両方の目的を達成する手段だった。恐らくほとんどの抵当は債務不履行や没収には終わらなかった(48)。ヴァニアの事例研究における貸付の多くは被保護者の立場を創る以外の目的はもちえなかっただろう。いかなる機関であれ、債務不履行を奨励するような厚かましい行動をとったり、抵当の支払いを続けるかわりに自由保有権者に土地の譲与を促す、といった手段に出たりすれば、不当なことを強いるものだと見なされ抵抗されて、良好な支援者と顧客の関係を結ぶことにはつながらないからだ。

　利益追求に目が無い一部の聖職者は冷酷なほど強欲で暖かい関係を壊すような行動や政策をとったかもしれないが、これが時には成功したために、十三世紀半ばごろには俗界の私有財産を教会に譲渡することを禁じる法律が発布される一因となった(49)。しかし、多くの国でこうした立法措置がとられたあとでも、宗教施設は領有権《ドミニウム》すなわち私有財産の所有権を獲得することはできないということを十分に承知のうえで自由保有権保有者に抵当貸付を提供し続けた。この慣行が根強く続いたことの裏には強欲よりもむしろ影響力をもち続けたいという欲望があった。

　シトー修道会は資産獲得が不適切であることを理由に土地その他の抵当貸付を提供した。先ず第一に、この教団の首脳はいかなる高利貸し的慣行も厳しく非難したが、ほとんど全ての抵当が高利をむさぼる行為だとする論法を編み出すのに大した知性は要らない。シトー修道会は金主は言うまでもなく、銀行業務にさえ真っ向から反対し、そのような意味の発言を繰り返している。一つの強力な声明がヨーロッパを大飢饉が襲った一三一八年に出されたが、これは一世代後のペストの大流行を除けば中世史上最大の自然災害である。この当時、自由保有権保有者や賃借人を援助する必要が多くの宗教施設を動かして何らかの形で金を貸し、利子に相当するものを徴収することで不良債権のリスクに備えさせた[50]。飢饉状態が緩和されるにつれて、一三一八年という年はシトー修道会が「銀行」業務を中止する適切な時点だった。男子修道院に比べて可処分資金の小さな女子修道院にとっては、この警告は恐らく効果的だった。例えばヘッセン州にあるカルダーンとゲオルゲンベルク両女子修道院に関するデータは、十四世紀には抵当の著しい減少を示している。データベースが大いに改善されたにもかかわらず、十四世紀に記録された抵当物件の数は十三世紀のそれに比べ決して多くはない。けれども、十五世紀には少なくとも二倍が記録されている[51]。シトー修道会の禁止令に加えて、修道会が全体として女子修道院並みに経済的苦境に立たされたことが理由として挙げられるだろう。

にもかかわらず、ブライアン・マクガイアは警告を無視するか、苦しみに無関心だとして非難されるしかなかったこの時期のシトー修道会男子修道院（デンマークが例）の活動に注意を向けている。なぜならデンマークのように飢餓の影響がよそでは緩和されたあとも長く尾を引いた地域では農業不況が一三二〇年代から一三三〇年代にかけて続き、ペストの蔓延が田園地帯の経済に深刻な打撃を与えたからである。シトー修道会に対して資産を抵当に入れることは一般化した。こうした抵当の多くは債務不履行に終わったが、当時にあってはそうなるとは考えもしなかった。むしろそれらは独立農民や自由保有権保有者を助け、その時代の他に類を見ない農業災害を凌ぐ助けになるものと考えられていた。結局、農業災害はあまりにも苛酷で長期にわたったため、古い農業体制の条件では回復できなかったのである。独立農民は小作農民に変わっていったが、これは彼らの身分を貶めようとする意識的な政策の結果ではなく、生き残りの可能性を提供する修道院のような施設と関わらせることで彼らに保護を与えようとする希望のもとに行なわれた。オランダのシトー修道会は、いくつかの他の教団のように、確かに長い目で見るとそうした変化から利益を得たが、一三二〇年代から一三三〇年代にかけてはそれは恐るべき賭博だったにちがいない。[52]

債権者としての教会の役割はきわめて過重な債務者としての役割と並行していた。旱魃や過剰な雨は作物の収穫を減らし、宗教社会の食料や（しばしば）収入に影響を与える。戦争が起これば牧師や修道士や尼は財産の破壊に耐え、教会その他宗教関連の建物の修理費を捻出し、新しい教会を建設しなければならない。また、聖職者は君主や他の聖職者に忌まわしい税金を払わせられる。以上は全て金のかかる話だ。それには重い借金をしなければならない。[53] 一つの遠回しな方法は現金または維持管理費、ないしは両方の形で年間の返済金と引き換えに教会資産に直接投資を奨めることだ。投資家（専門用語ではcorrodaryと言う）は一定の金額（恐らく大きな相続財産や生涯の貯蓄）を毎年の食費、住居費、ならびにその額の一部（率は異なるが大したことはない）に相当するその他の費用と引き換えに投資する。この投資引換え――年間支払い金契約〔corrody：修道院などから受ける衣食などの支給物、またその受領権〕は肉体的に人生の盛りを過ぎた者にはとりわけ魅力があった。しかし、支給物に依存することは、修道院を老人ホームか保養所代わりにする恐れがあるばかりか、計数知識でもなければ、財政的に不安定な施設にする危険がある。[54]

男子修道院に比べて資産の少ない女子修道院は、特にその危険があった。ユダヤ人が住み続ける地域の修道院のなかにはユダヤ人から直接借金をするところもあった。[55] ジョン・ティロットソンの研究によれば、ユダヤ人のいなかったヨークシア北部のベネディクト会所属のマリック小修道院には、十五世紀の変わり目には地元貴族の寄贈と貸付によって収支の辻褄をかろうじて合わせた証拠が残っている。景気のいい時代には尼が金を貸し、返済または利子支払いを体裁よく「施し」の項目に記帳した。[56] これが明らかになった女子修道院の断片的な記帳例には、尼が金を借りなければならなかった時代もあったことが示されている。要するに、新しい納屋や、他の数か所の建物（馬屋や、修道院の二軒の建物や、庭園の塀など）の維持修理費などにかかったのである。これには大工、屋根葺職人、石工らの賃金も含まれていた。さまざまな種類の農場設備——馬車、樽、鋤、鍬、鎌など——も修理に出したり買い替えたりしなければならなかった。請求書には「鉄器費」という項目があり、これには末肥育豚、釘、特殊釘、馬蹄、鋤刃、支柱などが記入されていた。[57] 請求書から女性ばかりでなく男性にも貸付の一部の負担が要求されたことがわかる。[58] しかし、この証拠を遺言による遺贈物の証拠で補い、ティロットソンは結論として、「ヨークシアの紳士階級の夫人たちはこうした修道院と尼を贈与で支えるという変わった傾向をもっていた……」と述べている。[59]

ほかの女子修道院も、前述のように、物品の支給や年金と引き換えに市の投資を受ける道さえ選んだ。ニュルンベルクの貧しいクラレス修道院もこれを行なうか、少なくとも年金市場でかなり積極的だったらしい。[60] フラウエナルブのベネディクト会の尼僧は十六世紀にこれに似た慣行を積極的に追求した。この修道院は相当な投資を受け、投資家に対する年金は四パーセントから五パーセントを下らない契約になっていた。[61] 当時、ドイツ語圏またはドイツの影響下にある地域では、きわめて多様な投資に対する五パーセントの利率はかなり一般的だったようだ。[62] ハッハボルンのプレモントレ修道院についてヴァニアが集めた素晴らしいデータにはすでに言及したが、それによればこの修道院は十四世紀に数多くの「生涯賃貸し料」を払っており、そのうちいくつかは恐らくこの世紀中に進展した経済不況のために取り決められたものと考えられる。(63) 今世紀初頭のシリオットの論文によれば、この点について彼はメス市のカルメル会の活動に関するかなり広範な資料を発見した。彼の論文中、物品支給者《コロダリー》（著者は後援者という言葉が好きなようだが）について書かれたくだりは注目に価する。

後援者の一人であるマルゲリート・オベールはこの修道院と家族的なつながりがあった。彼女は一六八一年十一月十七日にコロディ関係を結ぶ契約をし、彼女に贈与される全ての財産はカルメル会に遺贈されることになった。そのお返しとして一部屋と、立派な葬儀と、死後に彼女の魂を慰めるために毎年祈りが捧げられ、メス市から五百フラン（中産階級上層部の年収に相当する額）の年金が支給される、などのことが約束された。しかし、彼女が死ぬと一族が訴訟を起こした。中世後期や近代前期には、女子修道院には訴訟を続けるだけの資金がなかった。尼僧は法廷外での解決を望んだ。彼らは（マルゲリートの存命中に余剰収入から利益を得たので）事実上投資の元金を譲渡したが、彼らはまた祈禱の際に彼女の名前を記憶にのぼし続けることを約束した。(64)

マリー・スープルは一六七一年に後援者になった。彼女の姉はメスのカルメル会修道院に入っていたが、マリーは結婚したため違う道を選んだ。夫に先立たれたときには修道院入りを考えたが、七十という齢では不安もあった。結局彼女はコロディを選んだ。それの期間は一時的でも長期でもよかった。要するに一定の期間後に脱退してもいいし、修道院入りを決めてもいい、ということだ。彼女はたいそう気前がよく、千ポンドを供物料または贈与として、一万四千ポンドを尼僧たちの自由裁量に任せ、さらに八千ポンドを教団に入会したがった従姉妹の入会贈与金として出した。彼女の提供した合計二万三千ポンドの代償として、教団は従姉妹を生涯の従者として仕えさせるほか九百ポンドの年金を支給することにした[65]。年金額は彼女が修道院を去る場合に受け取るべきものの項目に挙げてある。したがって召使いとしての従姉妹のサービスを受けるかぎり彼女の受取り額がいくぶん少なくなる可能性はある。それがどうだろうが、二万三千ポンドの元金に対して九百ポンドは年率三・五パーセントに当たる。これは少ないようだが、かなりの投資を含むほかの年金に対して同じ利率が回収可能である[66]。その一方で、一万四千ポンドについてもっと綿密な計算をすると、マリー・スープルが交渉した利率はフランジスカ・ガイゲスがフラウエンナルブ女子修道院の場合に計算したところでは優に四パーセントから五パーセントとなり、十四世紀初めにはビルトハウゼン女子修道院の尼僧は一〇パーセントの利子を進んで払っていた[67]。

プロテスタント諸国では女子修道院への投資はできなくなり、老人が晩年に身を寄せる快適な場所を見出すのは難しくなってきた。高齢者のなかであまり裕福でない者（知られている例では女性のほうがやや多い）が財産を早いうちに子供に譲って毎年生活費を受け取り、死の床に横たわる親の面倒を見る約束をさせる、というやり方で老後の保証を得る、ということが慣行としてあった証拠もある。こうした合意を確立した正式契約の証拠には条件が付いているのが通例で、単数または複数の子供が責任の履行を怠った場合には親は土地の所有権を完全に回復しうるものとする、などとなっていた。この種の形式の年金が稀だった事実の裏には、家族のあいだに争いの起こる可能性や、親が正式に引退したとかしなかったとかに関わりなく家族の財産の管理に口出しをしないではおかない、などのことが原因として考えられるだろう。けれども、慣行としては比較的珍しいとはいえ（あるいはヴュルテンベルクにおける最近の年金の研究がそれを示唆している）、こうした個人の老後の暮らしを確保する方法の存在は、社会のなかの老齢の寡婦の暮らしにくさと、時には男性をはるかに越える割合で財産の一部を投資に回す必要があったことを強調している。(68)

女性の他の投資利率についてどんなことが言えるだろうか。ホルダーネスは近世初期のイーストアングリアとランカシアの女性金貸しのサンプルから引き出された六百二十人の寡婦の特徴を述べているが、彼女らのほとんどは本職の金貸しではなくて、夫の死後かなりの投資可能な資本を手にした寡婦だった。「債務契約」の一〇パーセントから一五パーセントについては抵当を取った。これまでにわかったことは、「抵当を取って貸した元金の割合は少なくとも三分の一に及び、総額の価値からすると恐らく約五分の二になるだろう」という。そうした女性は男性同様に投資先を多様化することで「危険を拡散した」(69)が、男性よりはこの種の収入に依存していたせいで、どの時期にも貸し出した資産の比率が大きかった。

同時代のランカシア東北部でも、ジョン・スウェインの再構成によれば状況はきわめて似ている。「女性（圧倒的に寡婦）は資産の比較的大きな割合を信用貸付、すなわち彼女らの死んだ時点で債権として所有していた」と彼は書いている。農民も似たような割合をもっていたが、「自作農と紳士階級が資産を信用貸しとしてもっていた比率はそれぞれ一九パーセントと一〇パーセント」だった。(70) スウェインは、全ての信用貸しが投資や、貸した金や、買ったものに対する支払いの遅れの延長ではなかったことを熟知しつつも、こうした「信用貸し」の大多数が純粋な貸付だったことを確信しているようだ。さらに、女性の場合の信用貸しの平均値は全ての他の計算しうる集団の平均を上回っていた。集団とは紳士階級、自作農、農民、機織業者、商人らを指す。女性の場合に資産としてリストされる信用貸しの平均は、一番近い競争相手だった農民の平均値よりも四七パーセント多く、商人のそれに比べれば何と二二九パーセントも多かったのである。彼は、「女性の信用貸しの数が少なく平均値が高いことは、多額の金を貸すことにより多くの関心があり、恐らく利子を取っていたことを示すものだ」と結論づけている。(71)

L・A・クラークソンは、十六世紀から十七世紀のデヴォンシアの証拠を考察し、そこでも寡婦が最も活動的な職業集団、つまり商人並みに「広く」金を貸していたことを発見した。彼はまた貸し付けた金額も「相当なもの」だったことを発見した。さらに、支払うべき借金は「七五ポンドにのぼる寡婦の全資産」のほぼ三分の一を占めていた。(72) ここでも含意は明らかすぎるほど明らかである。かなりの投資能力をもつ女性は資産に応じた投資をしたということだ。しかも彼女らは平均して男性を上回る投資をしたのである。多くの場合、高齢のためまたは傾向として金をほかの目的に使うことができないけれども、それでいて動産の自由な処分をかなり認めるイギリス法の特徴と、土地の収益があったために、彼女らは近世初期には田園開発の資金繰りに手を貸すことになった。(73)

確かに、寡婦がいたるところで同じ扱いを受けたのではなかった。農民レベルでは習慣が違っていた。ほとんどの農民の寡婦はいずれにしても我々のデータには表われてこない。我々の現在の関心が大型貸付にあるからだ。しかし、一部の農民は裕福だった。古めかしい荘園の習慣のなかに生きているときには、彼女らはしばしば夫がもっている土地に強い関心を寄せていたが(寡婦産《フリーベンチ》)、この関心はあまり

「自由な企て」を試みる結果にはつながらなかった。土地を彼女らがこれまでやってきたように利用することで十分であり、そのほうが安全でもあった。しかし、この古めかしい習慣が打破されたところでは自由な企てが可能だった。バーバラ・トッドは、オクスフォード渓谷の村のまことに驚くべき研究のなかで二つの過程が作用していることを示している。一六〇〇年前後のフリーベンチ制度の維持と、制度の外側（いわゆる開かれた村のなか）に寡婦の企業を作ろうとする動きの二つである。彼女は、後者の豊かな寡婦が不動産と、麦芽製造のような地元の伝統産業に投資した（不動産の場合には抵当を取って金を貸した）経緯に照明を当てた。全ての人がうまくやったわけではない。それが企業のリスクだからだ。にもかかわらず、「成功するにせよ不成功に終わるにせよ、こうした女性たちは自分自身および家族の利益のために、信用市場である程度の自信をもって活動していた[74]」。

我々が議論してきた投資のほとんどは不動産と、直接間接に田園地帯の維持や農業生産の改善に投資する地方の女性が関わっていた。中世のマリック小修道院では後援者の譲渡財産が鉄器具の購入や製造工場を維持するため賃金の支払いに使われたが、まだきわめて小さかったエリザベス朝時代のマンチェスター町（デフォーはこの町を「イギリスの最も大きな村にすぎない」と呼んだ）のイザベル・バーロウのような寡婦たちは、農業生産や、荷車や馬車や、商業活動に従事するほとんど全ての牛馬に蹄鉄を履かせる費用を負担したようだ[75]。T・S・ウィランは、ここから資料として出てくる信用貸しの異常な広がりはイザベルの夫の商売のやり方に関係があるかもしれない、と言っている。あるいはそうかもしれない。しかし、もしそうだとすれば彼女はそれを断固たる決意をもって続けたことになる。彼は一五八七年に死んだ。夫の死後彼女は七年間、一人で事業を切り盛りした。そしてこの借金と信用貸しの実態はこの時期の終わりに記録された[76]。「資産としての信用貸し」を蓄積する寡婦の傾向についてホルダーネス、スウェイン、クラークソンらの研究からわかったことに照らせば、これは被保護者の地位を作り出そうとする女性の（または寡婦の）やり方と受け止め解釈するのが合理的だと思われるのである。

実際、この種の金の貸し方には保守的な側面があって、それが不動産と、伝統的な生産方式と、老後の生活の確保に精力を集中させることになった。これが実情だったと思わないではいられない。前に強調したことを繰り返せば、寡婦や、未婚女性や、孤児には安固たる生活の基盤がない。これが近代初期に利子を取って金を貸す彼らの権利について強い議論が起こった理由の一つである。そして、この「涙ぐましい」オーケストラのために行なわれた議論の強力な説得性は、我々が見てきたように貧民救済名簿に載った寡婦の数が増えることに支えられているのである[77]。

可処分資本をもつイギリスの一部の女性の行動は確かに違っており、恐らく敢えて危険を冒す意志を進んで示した。しかしこの可能性を統計的に支持するものはない。この分野の先駆者だったアリス・クラークのように、この問題を追求するには伝記的方法をとらねばならないだろう。しかし、我々は彼女と違って、生まれの高貴な女性が財務または家政に関心をもっていたことを示すあらゆる指標をこの女性が「資本家」だった証拠として利用することができない。クラーク自身の研究の誇張と惑わせる推論を検討してみると、我々には危険を冒すイギリス人女性資本家像がほとんど摑めない。海運業が少数ながら近代初期の寡婦の金を惹きつけたように見える（あらゆる種類の個人的な投資家に需要が常にあった。少なくとも銀行業が発達するまではそうである）[78]。しかし、このような事例は例外的に思われる。果たして実際にそうだったかは更なる研究を待たねばならない[79]。

ヨーロッパ大陸の状況はイギリスのそれにきわめてよく似ていた。例えば抵当に投資する寡婦が突出した役割を果たしていたことがサベアンによって十八世紀末と十九世紀初頭のヴュルテンベルクで発見されている(80)。しかも我々はコロディのような比較的安全な投資が多くのヨーロッパの女子修道院の記録に発見されうることをすでに見てきた(81)。しかし、ヨーロッパの状況はとりわけ都市社会にとって興味深い。イタリアは恐らく中世後期と近代初期における女性投資の量的・概念的重要性の最も継続的な証拠を提供している(82)。研究者は十三世紀のジェノヴァの記録から貿易の商業（投資）契約のほぼ四分の一に女性が関わっていたことを示している(83)。確かに、投資全体に占める絶対額は投資件数が示唆するよりも少ないが、これは女性一人頭の平均投資が男性に比べて少なかったことを意味している(84)。それにもかかわらず、彼女らの役割はあとで見るようにきわめて重要だったのである。

ジェノヴァの既婚女性が資産を運用して利益を上げることを法的に認められていたために、女性投資家のうち寡婦ではない事例は「圧倒的な数」を占める。もっとも、ある研究では寡婦の数は二六パーセントにも達している。たとえ絶対的条件では女性が男性に比べ平均して投資額が少ないとしても、一人頭では人妻は夫に比べ商業投資に回す資産の割合が大きかった。夫と違って他の金銭的責任に煩わされることが通常なかったからだ。「投資額の大きさから判断すれば、女性がジェノヴァの貿易の生命となる血液を提供した資本形成の過程に重要な役割を果たしたことは明らかである。もし彼女らの金が不動産や（近隣の）消費貸付など、もっと安定した投資に向けられていれば、ジェノヴァの商業は厳しいハンディキャップを課せられただろう」と一人の研究者は結論づけている(85)。

都市のイタリア人女性はこうしたリスクのあまりない事業に投資をしたが、彼女らの社会的不安定性が経済的保守主義とバランスが取れていなかったことは暗示的である。つまり、彼女ら（ないしはもっと可能性が高いのは、彼女らの投資を扱った男性ということになるが）は我々が期待するよりは安定した投資をする頻度がはるかに少なかったのである。明らかに、目覚ましい利益を求めて「投資カウンセラー」に相談することを含め（彼らは相当な手数料を取った）、ほかの力が、一見すると反直感的にも思える投資の型を確立するために女性をあまり危険のない投資に向かわせたことは十分に考えられる。（イギリスとの対比は深いところに根ざしている。そこでは、我々も見たように、寡婦は自分たちの資本の処分にかなりの権限をもっている）。ジェノヴァの女性が引きずり込まれた危険な投資は経済利益を多様化させることで市に恩恵をもたらした。

中世後期と近代初期の他のイタリア都市の仕事は似たような種類の行動を見せ始めた。女性はおよそ投資するとなればいつも危険の伴わない企業に金を出すか、衣類や贅沢品に金を使う、とする古い一般的な考え方はもう通用しなくなった。例えばヴェネツィアでは、我々は女性の投資の特徴的な型を認識し、女性の可処分資産は消費物資以外のものに投資されたことを認め始めたばかりだ。[86]

カウンセラーの助けを借りて資本を創造的に利用するイタリアの都市の女性の能力は、時には反発を招いた。シエナの研究はこの事実を教えてくれる。十三世紀の初めには、シエナの女性はまだ限られていたとはいえかなりの財産権、わけても結婚持参金に関しては相当な権限をもっていた。エリノア・リーマーは、彼女らが「男性の経済的、血統的利益に脅威を与えるようなやり方で」イタリアの経済成長にもたらされた「機会を利用」したことを実証した。この場合、「脅威」は女性――少なくとも一部の女性――が血のつながりのない人々の手に財産を譲渡または四散させる危険のある商業分野に入る傾向を指し、商業のさまざまな焦点に投資することとは何の関係もなかった。これが反発を招いた。つまり女性の資本管理がしだいにしにくくなっていったのである[87]。

商売のほかに、市当局自体が女性に投資の機会を提供した。商売よりも危険が少ないとはいえ、不動産や恐らく女子修道院よりは危険が伴った。市の財政は平和時でもしばしば危機状態にあったし、とりわけ都市国家は戦時に困窮した。直接課税は常に不人気とあって、ほかの方法で金を集めるのが市の常套だった。なかには奇想天外な手段もあった。現金収支に困ると、市に所属するか行政官の権力の及ぶ物品を抵当にして質屋から金を借りる、といったことは周知の事実だった。市役所の金の鎖や高位の記章、布、教会の鐘や大聖堂の献金受皿でさえ市の評議会によって入質されたが、時には不法にユダヤ人に質入れされた[88]。

もっとありふれた方法もあった。間接課税、教会から強要する恵みあふれる贈与、外国人またはユダヤ人から徴収ないし強制した貸付、それに市の公債証書とも言うべきものの売却などがそれである。実際、市の金庫への女性の典型的な献金は、利子を生む公債証書への投資という形で行なわれた。多額の資本注入への返礼として、市当局は投資に対する一定のパーセンテージで計算した年に一度（半年に一度または年に三度）の利子を数年間または生涯（これを生涯賃借料〈収益〉と言った）払うことを約束した。男女修道院のコロディと違い、扶養のための食料の支給はないのが通常だった。市への投資に対する利子の支払いは、老齢の女性と寡婦（もともと投資家だったり投資家でなかったりする）には年金を、父親ないし家族がそうした手筈を決めた若い女性には年金または結婚持参金を、それぞれ提供した。

有名な（あるいは悪名高い）フィレンツェのモンテ・デル・ドティが即座に思い出される。[89]

もともと戦時の財政緊迫時に計画されたために、モンテはフィレンツェ市の財政構造の重要な要素になった。公然と認めるそれの目的は、（フィレンツェ州のために金を調達することに加えて）市民に株式、そのために投資がなされた女性の夫に結婚時に支払い期限のくる株式（一定の率の利子に加えて）の買い付けを市民に奨励することだった。株式はさまざまな決まった日に満期になり、利子は期間によって異なった。配当金の算出法としてはあまり信頼の置けない複雑な計算と、多くの特殊な制限（例えば一定の事情のもとで満期に支払うことのできない株式の国家による没収）は基金を支払い能力のある状態に保つ手段だった。過度に高い利率その他の諸問題が、周期的に基金の効用を弱めはしたが、借金の利子を払うために更なる投資が奨励された。我々の関心事と密接な関係のあることは一つ、モンテの場合には少なくともその歴史の初期のあいだは投資家は概して家族もちの男性で、受益者も男性だったことだ。女性は立派な結婚を保証する持参金が確信できることから直接利益を得たし、夫が商売で手にした更なる資産から間接的にも利益が得られたのである。

いくつかの北フランスの町には、市の基金に投資するよう広く奨励したところもある。しかし、地中海社会の特徴であるいわゆる持参金制度がないため、約束された利子は年金だけなのが典型的で、先取権があるに等しい顧客または投資家は裕福な寡婦だった。こうした都市のなかにはこの慣行のために破産寸前になったところもあった。ここでも信頼すべき利子率表がないために、金利収入《ランテ》すなわち投資に対する利子のほうが定収を上回ることになった。そこで、借金の利子を賄い必要な資本増強を図るために新たな投資が奨励され、市場、橋、埠頭、倉庫、市政庁舎、などの建設に充てられた。この状況はいつまでも続く可能性があった。ただ、北フランスの町は独立しているどころの話ではなかった。市当局の借金財政は中世の慣行で、政府は時としてこれに否定的な態度をとった。借金財政から立ち直ることができなければ、政府が市の行政を管理下に置く口実になったのである(90)。

もし中世のフランスの州がこの慣行に敵意をもっていたとすれば、近代初期のフランスの州はそうではなかった。市の公債は寛容に扱われた。こうした公債による投資を通じて、「通常は寡婦である裕福な女性はフランスの資本市場の鍵を握る役割を果たした」と、ジェイムズ・コリンズは述べている。女性（というよりむしろ寡婦）は、男性に比べはるかに大きな割合の資産が市立と王立年金に回ったという意味で男性とは違っていた。理由は、とコリンズは続ける。「十七世紀フランスにおける投資の主要な形式の一つであるオフィスの所有［すなわち臨時収入をもたらすオフィスの購入］が女性に閉ざされていたためである」。したがって、都市のなかには文字どおり女性の投資でやりくりするところもあって、一例では市の債務の二〇パーセントが女性の手に握られるという始末だった。これは投資の大部分が女性によるものだったことを意味する可能性がきわめて高い。それというのも男性に支払うべき債務の多くが金利《ランテ》であるはずはないからである。別の事例では、全ての投資家の五五パーセントが女性で、彼女らの地方自治体に対する信頼の報酬は利子とあって、これは終身年金の形で返された(91)。

国は十六世紀には借金財政に頼らざるをえなかったので、王立年金への出資がしだいに女性の資本率を増していった。ブルターニュの投資は特によく研究されているが、それによると例えばナントでは王立年金を単独またはグループで買ったことが知られている女性は購入者全体の三三パーセントを占めていた。「このパターンは」とコリンズは述べている。

ブルターニュではどこでも同じだった。クインパーでは一五六九年に女性が額面金額の大きな［王立］年金の二八・一パーセントを買い、トレギアでは最高額の年金購入者《ランチエ》はコンスタンス・ラ・ガデックで、二千四百リーヴル〔フラン〕を投じ、一五七〇年と一五七一年にはそれぞれ女性が少なくとも一三・七パーセントと二〇・七パーセントの年金を購入した。レンヌでは、二番目に高額のランチエはジャンヌ・デュ・ブレイユで額面は二千二十リーヴル。ヴァンヌでは、一人の寡婦は一五六九年に二千五百九十二リーヴルを支払い、一五七一年に高額買い付けを行なった九人のうち四人が女性だった(92)。

疑わない向きには、女性がフランス王室の歳入にこれだけの支援をし、市にはさらに多くの資金援助をしたとは驚くべきことかもしれない。一つの理由は、女性がオフィス購入から除外されたことのほかに、男性が財産を資本化して快適な年金に変え、家族から相続権を奪うことに対する強い偏見があった、ということだ。これに比べて、財産の一部にせよ絶対の管理権をもつ年老いた女性が年金を買うことははるかに受け入れやすかった。しかし、この偏見には限界があった。王室財政のレベルでは男性は大いに年金に投資した。理由のなかには、そうすることで政府の要人に顔が利くようになりたい、という願望があった(93)。

国もまた常時財政が逼迫していたので、どこからだろうと金の調達にはなりふり構わなかった。寡婦は格好な獲物だった。支給相手が成熟した人間で、期間を限り、資本を割賦償還にすれば、四パーセントから五パーセントの年金は恐らく危険を伴わないだろう。問題はフランスの大抵の市当局と違って

（また、これまでも見てきたように、イタリアとヨーロッパのほとんど全域で）王制政権が財政破綻に際してきわめて無能だったことである。絶え間ない戦費の調達のため、担当大臣は潜在的資本提供者に対する利子を一〇パーセントに引き上げざるをえなかった。それが彼らに年齢に基づくスケジュールを放棄させ、割賦償還をやめることを納得させた。要するに投資された資本に対して年金の一部を税として徴収する慣行をやめたのである。したがって、年金は一定の年数がたてば尽きることになるのである。こうした変更は確かに投資家を惹きつけたが、彼らのなかで最も悪名高いのはいわゆる「ジュネーヴの不死の人々」である。[94]

十八世紀にはフランスの王家の財政は文字どおり火の車だった。税制を根本的に再建する意志がなかったために、政府は前述のやり方で借金の金利を上げ続けた。外国との関わりが深まるにつれて、フランスはいっそう多額の投資を勧誘せざるをえなくなった。十八世紀の後半には、フランスの支配下にある都市ジュネーヴの一部の市民たちは政府との接触のやり方しだいでこの状況を利用することができる、ということに気づくようになった。投資に対する一〇パーセントの利率は悪くない。しかし、年金の受給者が長命であればもっといい。年金資格の購入者が「受給者」を指名できるというフランスの慣行の特徴を利用して三十人の女性を引受け人とする「シンジケート」が結成されたのである（後にシンジケートの数は増えた）。[95]

あるいは引受け人はむしろ若い女性だった。ジュネーヴ市民は若い女性を選んだ。要するに戦場に赴いて若くして死ぬ恐れのある男の子ではまずいわけである。それに加えて、十八世紀末には保険統計学がまだ揺籃期にあったけれども、男よりも女のほうが長生きをすることは一般の常識だった。だからジュネーヴ市民は女の子を選び――その際には慎重を期した。女の子は健康で二歳から七歳のあいだでなければならない。しかも子供の罹りやすい危険な病気にはすでに罹って治っている必要があった。また、貧困のために日々の食べ物に困ったり、日常生活に不自由して命を縮めたりすることのないよう、子供は貴族か上流ブルジョワ階級の出であること。シンジケートは長生きの家系かどうかを知るために一族の誕生や死亡記録を調査した。プロテスタントとあって、子供を産む際に死ぬことのないようシンジケートが積極的に結婚を阻む、ということはあまり考えられないが、未婚のままでいる者がいても失望した筈はなかった。こうした周到な配慮をしたあとでシンジケートはそれぞれの女の子にフランス政府の公債を買い与えた。公債購入後の三年間に死者は平均して三十人のうち多くても一人に抑える、というのがシンジケートの理想の計算だった[96]。

シンジケートや、ジュネーヴ市や、女の子にとっては素晴らしい成功だった。金が女の子に入ってきて株としてシンジケートに分配された。家族が相当な株主である場合には間接的に女の子が儲かった。女の子たちはまたヨーロッパの歴史上およそ人間の集団に惜し気もなく与えられた大きな気遣いからも利益を得た。咳一つしても直ちに手当がされるという具合で、彼女らは看病され、ちやほや甘やかされ、保護され、恐らく時には窒息するほど大事にされる。しかし彼女らは永いあいだ生き続けた。最も早期の集団はうまく選ばれた結果、「三十人の不死の人」と呼ばれるほど長生きした。三年に一人という予測された死亡率はあまりにも暗い見通しだった[97]。しかし、その後の三十人のグループはこの平均値に近かった。最適者が最初に選ばれたのである。

手短に言えば、ジュネーヴはヨーロッパの金融センターのようなものになった。フランスの国王政府が借りた金の十分の一——フランス革命以前の数十年間は、政府は借金で生きのびていた——はジュネーヴに取られたように見える。全部が生涯収入のような有利な条件で取られたわけではないが、条件はそれでもかなり有利だった。そうした投資の利子から相当な利益を上げた者もいた。しかし、一七八〇年には、小さな女の子の頭数による年金という最も有利な利子のたっぷり三分の一がなおジュネーヴ市民の手に入った。これが含意するフランス国家から得た資本の蓄積は、ヨーロッパのいたるところで政治的・経済的投資と企業を支えた(98)。

財政が逼迫するにつれて王制政治そのものが抵当となった。効果的な課税に必要な改革ができなかったからである。そこで政府は借金を重ね、不死の人をふやし、面目を失い続けた。しかし、ジュネーヴと女の子たちにとっては天国だった。しかし、天国の崩壊は言うまでもなく一七八九年のフランス革命とともにやって来た。起こったことはパリの革命政府によるそうした年金の支払い拒否と、国際金融世界で常にいささか人為的に中心を占めてきたジュネーヴの地位が急速に没落したことだった(99)。女の子や女性の身に何が起こったかは語られないが、彼女らは貴族や上流ブルジョワ階級の出であり、きわめて健全な都市の最も健康な人々で、すでにかなりの財産を築いてもいるとあって、恐らくその後も長く幸せな生活を送ったものと考えてよいだろう。

フランスの事例は一風変わっていた。私の知るかぎり、フランス革命以前のヨーロッパではそれに似たことは一度も起こったためしがなかった。例えば中世にドイツの町が積極的に女性の投資家を募ったことはあるが、十八世紀のフランス王室ほど無分別にそれを行なったのではない。中世にはこれらの町は、フランスやイギリスの町よりもかなり独立していた。それらはイギリスやフランスの町と違って、財政問題で封建領主や皇帝の干渉に苦しむこともめったになかったようだ。したがって弾力的な財政政策を発達させたが、なかでも都市の公債市場は高度に発達した政策の一つである。保険統計学の知識が未発達のために何度も危機を招きはしたが、後にフランスで発生したような破局はめったに起こらず、起こったとしてもフランスほどの規模ではなかった。したがってこの慣行は廃れなかったのである[100]。

ドイツの町は、一般に北欧の町に似て寡婦や、未婚老女や、時には教会や病院を含むその他の受給者の年金を、はっきり寡婦産のようなものとしてというより、通常市の基金から支出する[101]。公法学者、論客、弁証家といった手合いは寡婦その他の惨めな人々の福祉のために年金に投資することの重要性を繰り返し説いた[102]。そうした年金の支払いは莫大な額にのぼった。例えば一四二八年にフランクフルトは全予算の三〇パーセントを年金として支出しているが、これは実際にはこの種の投資に基づく「年利五パーセントないし一〇パーセントに及ぶ利子」で、この問題についてはあとでまた触れる[103]。バーゼル市で同じ年に債務の支払いが大きな問題になったことは、市の記録に「会計の支出項目の筆頭を占めるものは常に未払い債務の利子の支払いだった」とあるところから明らかである[104]。

財産のある女性はこぞってこうした市に投資した。個人的な財産を一定の年金目当てに早い時期の市に投資した尼僧の例がいくつかあるが、これは恐らく彼女らが所属する女子修道院に十分に食べていけるだけの資産がなかったためであろう（尼僧またはイタリアの彼女らの代理人は密かに私企業やさまざまなモンティに投資した[105]）。ドイツ人の夫もまたこうしたやり方で妻のために保険を買ったのである[106]。

寡婦が長命であるために起こる問題のいくつかを避けるために（市は女性の資金を求めて競争してい

たので）、行政当局は柔軟な料金算定方式を考案した。我々はフィレンツェのモンテ・デル・ドティ〔八〇頁参照〕がそうだったことを見てきたが、それは元の投資額と満期の期間に基づいて支払いのスケジュールが決まっていた。[107] ドイツのある例にはこれと同様の慎重さが見られる。一例では寡婦が六・七パーセントの収益しか得られなかったが（彼女の町では一〇パーセントが通常だった）、理由は彼女が自分の死後に娘が年金を受け、娘の死後には婿が受けられるという契約を結んだためだった。[108] 革命以前の旧体制下の王制政府の場合と違って、町の財政にとって年齢は常に大きな問題だった。しかし、それにしても財政の逼迫がヨーロッパ随一の強国を一七八九年に倒すような圧力をもたらしたことはめったになかったのである。

生産的貸付に女性の果たした役割を論じる際に最も困難な問題は、そうした貸付が経済と女性自身に対してもつ重要性をどう評価するかである。人はあまりにも安易に著者自身の意見を引き合いに出したがる。学者は貢献は「相当なものだった」とか、「重要だった」とか、あるいは「かなりのものだった」という表現を好んで使う。幸いなことにこの例では、我々の見るところでは何人かの学者が周到な統計的分析をしながらこうした形容詞を使っている。経済全体としては、自分たちの動産を自由に処分できる裕福な女性（我々はこの際裕福な女性だけを話題にしている）は、中世と近代初期の女子修道院や都市の行政の資金繰りに絶対に欠かすことのできない存在だったように思われる。情報に基づく推量によれば、彼女らはまた多くの農業地域社会の生産資源の日常的維持に要する資金の二五パーセントまでを提供していたようだ。彼女らの生産向け貸付はおおむね女子修道院や、他の同業組合や、男性の手に渡った。

女性は商売よりも不動産や年金を好み、きわめて異常な状況のもとでないかぎり危険を冒すようなことはしなかったようだ。市の公債や不動産を買うことを除けば、少数のイタリアの例外はあるが、都市の投資においては、女性が農村地帯の投資に果たした役割に見合うほどの大きな、ないしは決定的な役割を果たしたという証拠は見つかっていない。最高のレベルにおける国家財政にジュネーヴの不死の人々が果たした特異な役割は例外的なものだが、同じ例外でもこれは中心となる事実に厳密に結びついている。要するに、女性によってきわめて多額の金が政府に投資されたことが何ぴとにも奇妙だとは思われなかった、という事実がそれである。奇妙だと思われても仕方がないのはこれらの女性が年配者ではなく幼い女の子だったことだが、金に窮した政府はなりふりかまわず彼女らの名前で投資を受け入れたのである。

彼女ら自身への生産的貸付に女性が果たしたさまざまな役割の影響について、「相当なもの」、「重要だった」、「かなりのものだった」、等々の表現には数量的な正確さがない。けれども、記録に価する印象というものはある。ここでもう一度、我々が扱っているのは裕福な女性、またはかなり裕福な女性であることを想起してもらいたい。そうであっても、通常は（不死の人々の特別な事例は常に除外される）彼女らはか弱い存在である。けれども、ヨーロッパで行なわれているさまざまな法制度によって彼女らに与えられた力を周到に行使することと、リスクの低い各種証券類を慎重に利用することで、彼女らは寡婦または老後になって窮乏状態に陥ることから身を守り、国または教区には負担を掛けまいとした。必要とする者に長期信用販売や不動産抵当貸付を行なうこともまた、大勢の女性が不景気な時代に備えて信用の置ける顧客を獲得する助けになった。はるかに裕福でない女性の質屋営業や小規模の金貸し業のように、こうした金融ネットワークは潜在的に有用な社会的ネットワークだった。それには反訴の潜在的可能性が大いに含まれているが（要するに非保護者の地位の裏側は支配であり操作である）、これら裕福な女性の陥りがちな危険は、貧窮家庭の救済貸付が行なわれたり、質屋業でしばしばそうだったように社会のネットワークのなかに社会の除け者集団が目立っていたりする場合に比べ、自覚される頻度が間違いなく少なかった。

彼女らが好んで行なった投資の一つである年金の収益率が比較的低かったことは、高いインフレーションの時期、とりわけ戦時には多くの女性の生活を危険にさらしたにちがいない。これがフランクフルトの証拠が示すように、同じ地域で市の公債への直接投資から例えば一〇パーセントという高率の利子が見込める場合でも、決まった額の年金が約束される（我々が論じてきたドイツの大抵の例では投資額の四パーセントないし五パーセントだった）に留まらないコロディが女性にとって魅力的であり続けた理由だと思われる。とりわけ老年のコロダリー〔コロディ受給者〕には、投資に対する低い利率の見返りに女子修道院に住んで部屋や日々の食物に加えて召使いがつき、地域社会の支援も約束されるということは、生き残ることと救貧院に入るほどの違いを意味した。いくつかのリスクの低い投資を組み合わせることもまたインフレーションと、一つの危機に弱い収入源に頼るという二重の危険を和らげることにつながった。

これらの類似した問題を探究するには更なる研究が必要である。けれども、裕福な女性が大規模産業発達以前の経済と、当時の政治の財政的安定（および不安定）に「相当な」金融上の貢献をした——その貢献は概して「重要な」物質的恩恵であり、彼女らに「かなりの」心の安らぎをもたらした、とする結論は妥当なものに思われる。

第3部

植民地時代ならびにそれ以降のサハラ砂漠以南のアフリカおよび西インド諸島の市場

ここまでは中世および近代初期の消費向け貸付と生産的貸付をめぐる諸問題を見てきた。その過程でときおり、ヨーロッパの状況と世界の他の地域のそれを比較する機会が生じた。そうすることの価値は、ヨーロッパ人が非ヨーロッパ世界の広大な地域を支配下に置こうとする組織的な計画を立て始めたあとの時期にきわめて大きくなった。先ず最初に、非ヨーロッパ世界のヨーロッパとの遭遇はおおむね貿易と（奴隷貿易もかなりの重要性を占めていた）、貿易の拠点の建設に基づいていた。南北両アメリカと二つ三つの他の地域を除けば、居留植民地や、原住民の広大な土地と人口の直接統治は稀だった。十九世紀末にはこんなことはもう行なわれなかった。ヨーロッパ人はアフリカやアジアに大挙して植民し、植民国家を建設し始めた。そうすることで彼らはこうした大陸の経済を徹底的に統括し、世界経済を作り上げていったのである。ヨーロッパの需要が地球全体の政治的、社会的、経済的生活を変貌させることに一役買った。ヨーロッパの覇権のこうした側面は時として「植民地との遭遇とその余波」と呼ばれるが、これは植民地に住む全ての人々に革命的な影響を与えた。女性もその例外ではないが、彼女らの経済的役割がこの研究の第三部のテーマである。

ここでは焦点を伝統的な市場において商人を含む信用貸しと信用貸し関係に当てることにする。伝統的な市場は通常、財貨の交換を促進するために厳粛な平和と特別な法律に支配されてきた。ここでは主としてサハラ砂漠以南のアフリカ（特に西アフリカだが、西アフリカだけではない）、西インド諸島、ならびに女性が空間的にも経済的にも市場で商人として中心的役割を占めてきたとしばしば言われた第三世界の植民地社会と植民地以降の社会が注目を浴びることになろう。[1] 伝統的市場に関してはリチャード・ホッジスが最近（一九八八）著わした優れた歴史的概観があり、アフリカにおける市場と市場での売買に関する専門の研究も多く、そのなかにはポール・ボハノンとジョージ・ダルトンの編集したやや古いが印象的な論文集も一九六二年に世に出ている。[2] 第三世界における女性と経済発展の研究もまた成熟期に到達した。[3] しかし、奇妙なことに、経済発達の一般的な概観と、経済発達に女性の果たした役割に関する専門の研究書でさえ、えてして市場における女性商人や仲買人の信用取引機能を無視しているのである。その原因の一部は、発達した経済においては信用取引が経済成長に重要なことは自明であるにもかかわらず、およそ基幹施設の改善が政府主導で税金を投入して行なわれるのが通常だった植民地開発または開発後の研究では過小評価されてきたことにある。[4] さらに、この先見るように、信用取引や資本形成に女性の果たした役割は同じ時期に危機に陥った。したがって、個人商人が信用取引を提供することによって世俗の成長に寄与する余地が経済にあるところではどこでも、その余地は女性によってわずかに満たされたにすぎなかったのである。[5]

サハラ砂漠以南のアフリカ

一定の形式をもった市場は植民地時代以前にはサハラ砂漠以南のアフリカには存在しなかった。(6) しかし、多くの学者によれば、市場が存在するところではほとんどどこでも女性が最も重要な役割を果たした。あるいはむしろ、女性商人の主要な役割は（最も早い頃の植民地の記録が初めて示したところでは）、こうしたアニミズム、キリスト教、イスラム教といった具合に違う宗教を信奉する社会の宗教的・文化的違いがきわめて大きいにもかかわらず、サハラ砂漠以南のアフリカの広大な地域を通じて似たものであった。(7) この事実に呼応して、市場で女性が中心的存在を占めていたことはイスラム教やキリスト教以前からの、したがって太古の昔からの厳然たる事実だった。(8) サハラ砂漠以南の地域を通じて、女性が家畜取引を除いて（時には事実上男性を排除して）市場を経営し、管理し、経済的利益を得ていた社会的・経済的状況が繰り返されたのである。家畜の飼育や交易についても、この地域における女性の信用貸しや投資機能には驚くべきものがあった。(9) 市場で女性が主導的地位を占めていたことは、タンザニア北東部の山岳民族や、(10) ケニヤ西部のルオの社会、(11) 現在ザイールの名で知られている地域、(12) ナイジエリアのヨルバ族、(13) 象牙海岸のディオウラその他の民族集団、(14) ブルキナファソ〔アフリカ中西部の共和国。旧フランス領。一九六〇年独立してオート－ヴォルタ共和国。八四年改称、人口九二四万〕の非イスラム教徒の女性、(15) ガーナのガー族とロビ族、(16) 南ガーナのさまざまな民族集団などにおいて実証されており、(17) このリストは蜿蜒と続く。(18) 一人の学者の言葉を引用すれば、「女性は本当に古いアフリカの市場における全ての市場活動の前面に立っていた」のである。(19)

我々が通常行なう伝統的な取り決めや態度に関する言及は、不幸にして十九世紀末植民地時代の網羅的とされるいかがわしい資料に基づいている。しかも植民地時代の記録の解釈自体は、それ以降の観察によって深く影響されている。ケネス・リトルははるか前に、学者は二十世紀に女性商人が輩出した事実に直面し、二十世紀以前にも女性商人が活躍していたとする植民地の報告のほうにそれを否定する報告よりも信憑性がある、という考え方に傾いたと指摘している。[20] 学者は近年、アフリカの市場を支配した女性の顕著な立場を、植民地時代以前の生活の頑固な遺産としてよりも、むしろ植民地支配の難問に対する多くの反応の一つだったと指摘する傾向がますます強まっている。最も強い発言の一つはデボラ・ペローのそれで、彼は植民地時代以前のガーナ（のアダブラカ族のなか）に女性が市場を支配した証拠はないとしている。[21] もう一つの意見はキース・ハートのものである。彼は、植民地時代以前には市場取引はほとんど行なわれず、行なわれていたもの（つまり金と象牙の長距離貿易と奴隷取引）には全て男が携わっていたとする。男性が「ほとんどの換金作物と賃金労働の機会」を手中にした植民地の「都市化と田舎の開発」だけが女性に「小規模ならびに中規模商人としての重きを置かれる立場」への移行をもたらしたにすぎない。[22] ジュリアン・クラークは植民地時代に商人に転じたのはヨルバ族の女性だけだったと論じている。[23] アフリカ大陸の反対側にあるザンビアでは、女性が市場である程度目立った存在になったのは植民地時代の後期とそれ以降になってからである。[24]

学者のなかには、特にヨルバ族の場合、商売の世界で女性が優位を占めるにいたる道には——少なくともある種の商売では——女性が市場支配を確立するにはいくつかの段階にわたる植民地政府の課税に応じることが最も重要ないし最終的な条件としてあった、と主張する者もいる。一つのシナリオでは、

「部族的」暴力が起こって初めて植民地政府が女性商人に道を拓いた、とする学者もいる。この見方からすれば、女性は戦争を中断した休戦のなかで特別な平和を享受したといえる。したがって女性は、経済的相互作用を含む敵対する党派間の相互作用の中心になったのである[25]。他の文脈のなかですでに見たように、戦争はしばしば確立した財政的・社会的取り決めの溶剤として機能し、そうでもなければ経済生活において占められない役割に女性を投げ込むか、女性がその役割を摑むことを許すかする[26]。アイザック・アダレモは、一九六〇年代にすでに女性が支配していたナイジェリア西部の市場で、多くの女性商人が商っていた産物を内戦が多様化させ、潜在的供給者のサークルを拡大させる契機になった（そしてこれは長期にわたる結果を伴った）ことに気がついた[27]。したがって、植民地統治の前夜特有の不安定な世情が市場で売買する者としての新たな役割を女性に与える、ということは明らかにありえないことではなかった。同様に、市場が近代以前のヨーロッパにおけるように、アフリカの特殊な平和を享受したことにはほとんど疑いの余地はない[28]。最後に、ヨーロッパの占領をもたらした十九世紀における植民地戦争の混乱時代が、一時期女性の役割の発達を遅らせるよりもむしろ推進したことは特筆に価するだろう[29]。

それにもかかわらず、この説明もまた疑われてきた。違うシナリオは、植民地以前に女性が市場に関わることになった原因を植民地統治前夜のヨルバランド〔現在のナイジェリア南西部にあった王国〕の「都市化」の過程にたどっている。ヨルバランドの場合にこの説明が当たっていたとしても、女性が市場で主導的な役割を果たしたサハラ砂漠以南の他の地域についても一般化できるかどうかは大いに疑問のあるところだ。いずれにしてもこのシナリオによれば、女性に市場活動という活躍の場を提供したのは、他の面で田舎の仕事と男性の活動に特権を与えた社会における、足枷のあまりない新しい都市文化である。[30] しかし、この説明では、植民地支配(形式的にようやく確立したのは一九〇〇年である)の課税に伴う破壊は、男性が戦って死ぬにつれて市場における女性の役割を決定的に強調した。結局、女性は(一部の重要な地域ネットワークを含め)国内市場組織と、言うまでもなく消耗品の商いを支配するようになったのである。[31]

もしこれらのシナリオのどちらかが正しいとすれば、ヨーロッパ人は彼ら自身が間接的かつそれと知らずに創ったか少なくとも奨励するかした十九世紀後半から二十世紀初期にかけてのヨルバランドと、恐らくほかの地域のシステムに直面したのである。けれども、植民地支配の日常化が始まるにつれ、自分たちが生み出したとは知らなかったことに間違いのないこのシステムは、彼らにとって怪物的だった。ヨーロッパの植民地企業家は(例外的な個人を除いて)、ヨーロッパにおける経済変化の社会的取り決めをめぐる全てのイデオロギーの鞄を携えてアフリカに渡来し、自分たちのやっていることはアフリカ人のそれとは違い彼らの慣行よりも進歩している、といわんばかりに振る舞った。[32] ヨーロッパの帝国主義者にとっては、市場における女性の役割の性格はこの慣行のアフリカ版(ないしは他の植民地版)のもつ「原始的」または取るに足らないものにすぎなかった。[33] 市場活動をする女性の力が食料品の単なる小売や市場の管理から仲買、複雑な信用貸しの機能、手工業製品の小売、商売の広い地域的ネットワークの管理などに広がったところでは、それは原始的なばかりか不自然に見えた。[34]

地中海地方やヨーロッパの過去には霧に霞んだ時代があったのかもしれない。あるいは少なくとも古代の近東や地中海盆地の研究者のあいだでは、そうした時代というものがあって、市場の女性(「商売に従事する女」)がこの方面、特にある程度洗練された、一定の規模の信用取引を行なっていたことは常識かもしれない[35]。しかし、いざその証拠となれば当惑するほど乏しいのである。ゲイ・ロビンズは紀元前二〇〇〇年代のテーベの墓の装飾に基づき、そうした絵は男性の活動と身分を表わしてはいるものの、時として精神的・物質的経済における女性の役割を表わしてもいると論じている。彼女が言及する一つの情景は「市場の露店の番をする女」を描いている[36]。もっと早い時期の紀元前二五〇〇年ごろの墓の礼拝堂のレリーフには市場で物を売る女が描かれている[37]。しかし、こうしたデータが果たして女性が市場を支配していたとか、古代地中海地方では女性は「男性と対等に市場に参加していた」とさえ言い切る一部の学者の結論を支持するに足るものであるかは疑わしい[38]。

たとえそうした女性による市場支配の時代や男女の商人の身分が対等なのが当たり前の時代があったとしても、それはヨーロッパ諸国によってアフリカやアジアの大半が植民地化されだしたころまでにはとうに終わっていた。確かに、ヨーロッパで市場が十九世紀まで続いたというのは会話やお話の世界や子供の芝居のなかでのことだが、騒々しい市場の女将というイメージは芝居に留まらず現実にもあった。けれども、女性は伝統的なヨーロッパの市場では卵や酪農製品などの行商人や、買い手や、転売者（*revendeuses*）などだったが、それ以外の経済的、組織的役割はほとんど果たさなかった。そうした活動——とりわけ転売するための交換——は、「市場を活性化した」と言われてきた（近代初期のフランスがその例である）[39]。この活動は少数のほかの消耗品や、リボンのような「女の」作ったものに及んではいたが、穀物や葡萄酒や広範な手工芸品または耐久消費材などを扱うことはめったになかった。ときおり女性の手工芸品や酪農製品の転売者《ルヴァンデーズ》が家族にかなりの収入をもたらすことがあった[40]。さらに、家計への女性の貢献度を高めざるをえなかった男性の雇用率の恒常的悪化などの条件のもとで、ヨーロッパでは女性の市場活動の役割と信用貸し関係が目に見えて増大した。例えばオルウェン・ハフトンによる十八世紀フランスにおけるヴェレーの女性レース製作者と商人の研究はこうした事例である(41)。

しかし、例外はあるものの、集団として女性が扱う金や物の量でヨーロッパの市場において支配的な立場を占めることはなかった。彼女らが市場の認可を正式に申請したという証拠は皆無か、またはほとんどない。取締り当局が女性に市場を組織させるはおろか、彼女らの作ったものを売る屋台や売り場を割り当てるなどのことも、あったにしてもめったにやらなかったのである。当然のことながら、ヨーロッパでは女性が市場の管理権を正式な意味で手中におさめることはなかった。

したがって十九世紀のヨーロッパ人は、アフリカの市場と彼ら自身のそれとの類似性を顕著な女性の存在と食料品の売買のなかに見たが、ほどなく類似性は見掛けだけであることに気づいた。当惑ものの相違点があることはあるが、当座は現存するメカニズム、つまり地元固有の市場で働く女性たち、の力を借りて駐在員に商品を供給し、商売をするしかない。長距離を輸送されてくる商品を扱うのは大抵が男だったが、彼らもしばしば市場の女性商人に卸し、彼女らの手を経て大量仕入れの商人や、消費者に売った。

このように、アフリカのヨーロッパ人駐在町や、倉庫所在地や、十九世紀から二十世紀初頭にかけてしだいに数を増した行政官庁のある町や都市で商売をした大抵のヨーロッパ人にとっては、女性商人と取引をしないではほとんどまたは全くやっていけなかったのである(42)。もしヨーロッパ人が物質的な欲求を満たし、商売用に、時には国際貿易用に地元の商品を確保したければ、女性商人を通して働きかけねばならなかった。市場の実権が女性商人の手に握られていたことはすでに示唆したとおりである。確かに、植民地以前の時代には、市場の認可権は、女性の参加率が高い種類の市場であると否とに関わりなく、酋長、シャーマン、長老など、男性の権力者が握っていたかもしれない[43]。しかし、そうした形式的な認可が重要だとはいえ、それは商人でない者によって行使された唯一の権力である。女性に対する影響力には絶大なものがあった。市場の監督者はえてして女性だったが、彼女らの力はきわめて大きく、例えば市場活動が女の片手間の仕事にすぎなかったイボランドでは[44]、彼女らは市場の「女王」の名で文献に登場する。市場の取締り業務もしばしば女の手に委ねられていた。買占め、合法的な売買の（物理的概念的に）片隅で行なわれるいかがわしい活動もまた多くは女性の手に握られていた[45]。もっとも、評判の悪い男たちもまたこの場で暗躍していたのは事実だが[46]。

女性が握っていたそうした権力は彼女らが生産資金、とりわけ信用貸しを手中にしていたことと軌を一にする[47]。商業化以前には信用貸しはほとんど行なわれず、少数の例外を除けば、大抵が短期のもので、少なくとも一部は無利子貸付（返済が遅れる場合には有利子）を特徴としていた[48]。しかし、個人の貸付取引は少額なもので、贈物交換との類似性を考慮すれば「原始的」だったとあって、植民地時代からそれ以降まで続いた女性による信用取引のネットワークは「大きく複雑だった[49]」。時を経るにしたがって、こうした信用ネットワークの影響を受ける商品の範囲と種類はかなり変わってきた。地域商業、製品、または輸出向けの大量の資材に与える影響が大きければ大きいほど、それらはヨーロッパ人にとってますます不自然に思われたのである。

植民地の事業主と彼らにならう政府は、こうした市場の権力筋を通じて女性支配の信用取引関係を利用し、当然のことながらシステムの再編成を試みた。彼らはかなりの抵抗に遭遇したが、抵抗は時として成功することもあった。[50] しかし、めったに協力は得られなかった。[51] 植民地政府やその後の政府機関が市場における公式な女性の支配を排除することにたとえ成功しても、隠然たる非公式な支配力はまだ女性の手に残っていた。[52] したがって、現存する市場をある程度まで避けて通るか、消費物資と耐久消費材だけを市場に任せるかするほうが簡単だった。[53] そうした理由で、我々の資料にはほぼはじめから、ヨーロッパ人が伝統的な市場に関わる女性の仲介を避けて長距離交易に携わる男性と直接取引をし、彼らに特権を与えた証拠が見出されるのである。こうした展開の一部は、爆発的な大都市の需要と、植民地の事業主が女性生産者や市場商人に信用貸しをせず、地元の女性債権者が資金を殖やして地元生産者に金を貸し需要を満たすことを助ける、などのことを嫌ったために起こった。ジャネット・マクガフィーはそのパターンを植民地のザイールで、キャスリーン・シュタウトはケニヤ西部で、チェリル・ジョンソンはナイジェリアでそれぞれ発見した。[54] 実際のところ、それはほとんど全てのところで発見されている。[55] したがって、少数の男性集団が利益を得たのである。それは誰だったか、という問題は難しい。

頭角を表わしてきた男性商人のネットワークは伝統的な長距離交易に存在していたものよりもはるかに大きかった。確かなことと思えるのは、植民地政権の課税が移民を刺戟または促進したせいで半ば伝統的な性的役割を徐々に阻害するのを助けたことだ。植民地権力によって作られた新たな行政単位が伝統的な「境界」とわずかに接するに留まったためである。この移民の一部はシリア、レバノン、インドなどの商人と商業中心地をアフリカに移した。[56] しかし、その結果起こったさまざまな文化の混合の最も絢爛たる例は恐らくシエラレオネで発生している。そこでは非常に複雑な社会がアフリカに移住したクリオール人またはクリオス人として知られるアフロ-ノヴァ・スコティア人と、やはりアフリカに移住したアフロ‐ジャマイカ人（マルーン）のなかから現われた。両集団は新世界に移送される前に先祖が所属していたさまざまなサブカルチャーから派生したアフリカ文化の特徴の残滓を移住先に持ち込んだ。彼らはまたノヴァ・スコティアとジャマイカの生活に関わりのある独自の文化的特徴も持ち込んだ。この文化的特徴の花香はその後アフリカに（再）導入された。イギリス人によって他のアフリカ人が植民地に連れてこられると、女性の金融上の「自律性」またはそれに似たような概念が復活され、借用され、ないしはでっちあげられた。この人口学的混乱のなかには女性商人の活動の波やピークがあったが、男性も長距離交易ばかりでなく、小・中規模の取引においても重要な役割を果たした。ヨーロッパ人は折りにふれて女性に信用貸しをしたが、それも仲介者の依頼で行なうことがしばしばで、彼らの多くは取引相手として好んだ男性の移住者だった。(57)

言うまでもなくシエラレオネは利害関係があったにもかかわらず例外だった。比較的「自由な」移民が起こったが、これは新たに確立した行政区域内に限られている場合が通常だった（それが植民地時代以降のアフリカの国境になった）。そうした移民は、都市国家の遠隔地、植民地の新興都市、貿易中心地の周辺、軍隊の駐屯地、などの産物に刺戟されて起こった。こうしたたえず商業化する市場では、中心的な存在は外国人（アジア人と北アフリカ人）と移住してきたアフリカ人男性だった。我々はすでに長距離交易が植民地時代以前と、植民地時代に入った直後にはおおむね彼らの手に握られていたことを見てきた。(58)しかし、男のキャラバン商人が女性の市場経営者に品物を卸すことは珍しくなかった。ヨーロッパ人は男性と直接取引をしたが、これは他の植民地環境でも起こった。(59)商売から上がる利益と、移住が比較的自由に行なわれたことで、ますます多くの男性が商売の道に踏み込むことになった。いくつかの事例では、アフリカの男性が地元では決してやらない市場の屋台店の経営を、植民地行政のもとで旅行や商売が自由になったために、違う民族の住む「滞在先」でやるようになった。彼らのあいだで競争が激しくなると、こうした男性はしだいに商売の女性ネットワークを侵害し、仲買業や信用取引、ひいては手工芸品から市場の経営にまで手を出すようになった。買占屋その他の周辺男性は消費物資の商売を始めたが、彼らは伝統的な女性商人よりも商業的に手広く商った。[60] 莫大な利益が上がったために、移民や周辺人の例を見て非移民の男性で競争に参加する者も出るようになった。[61]

商業化の過程は地元女性に短期的な物質的恩恵をもたらしたかもしれない。確かに、植民地時代以前の市場関係は温情、隣人の誼《よしみ》、友情などに基づいていた、ないしは基づいているとされた。金は使われたが、夢想的な学者は市場そのものが商業倫理に支配されていたわけではないことに満足を覚えた。[62] もしこの牧歌的な状況が存在したとすれば（これは議論されてきたところだ）、[63] 植民地の商業化の最盛期に営利の追求に「意欲的」だった女性市場商人は（時にはそれを破壊するほどに）この情緒的なネットワークを利用した。その結果、彼女らは恐らく利益を上げたし、家族の消費用物資を容易に入手することができたにちがいない。同様のシナリオがもっと近年になって人口の急速に増大した都市の場合に示唆される。女性商人は、増大する需要が男女の新たな商人の参入を促すまで利益を上げ続けた。[64] 地域によっては、商業におけるこうした女性の役割の早期の積極的な向上の遺産が長く続いたところもある。少なくとも一つないし二つの地域では、長距離交易においても女性の積極的な状態が続いた。[65] しかし、儲かる商売では男性がしだいにあらゆる領域で女性に取って代わった。[66] こうしてしだいに男性が力を占めていく世界にあって、沈まぬ努力をした女性は時には男性（親類）から金を借りねばならぬこともあったが、これは身内の異性間の貸し借りが堕落を誘うものだとして否定される社会的伝統のなかでは顰蹙を買う行動だった[67]。大抵の女性商人は、家庭的産物と言えるものにますます集中していった[68]。

言うまでもなく男女の互恵的関係が金銭の貸し借りを「堕落」とか「品位を落とす行為」とは見ない社会的状況や文化もあった。ブルキナファソの伝統的家庭では非イスラム教徒の女性が自分の財産を管理していたが、彼女らは夫または身内の男性から金を借りて投資資本を捻出することを禁じられてはいなかった。この資本で彼女らは醸造業を始め、ほかの女性たちと生産（および暗黙のうちに信用取引）の垂直的絆を結んだのである。「大規模な醸造業者は」とマヒア・ソールは書いている。「小さなグループの女性と絆を結び……彼女らは醸造作業と互いに作ったビールの販売を交互に行なった」。こうした密接な労働関係から信頼と信用貸しの（個人的と金銭的な意味の両方で）きわめて強いネットワークが生まれた。信頼という言葉には信用取引の巧みに操るという側面を隠しているところがあるかもしれないが、この例に限って言えば、それに込められた連帯の意味は紛れもないだろう。さらに、モロコシ・ビールの市場取引額は植民地政府にとって大した収入にもならなかったし（要するに収益率が低かった）、地域、国家、国際取引においても事情は変わらず、後期植民地、または植民地以降の政権のもとでも状況に変わりはなかった。その一方で、ブルキナファソの経済発達が遅々として進まないとあって、ビールの醸造が果たす経済的役割は大きかった[69]。

ブルキナファソに女性経営者が存在し続けたことからすれば、成功はモロコシ・ビールの生産、市場活動、消費等々が田舎で行なわれたことに負うところが大きい。伝統的な性の役割は社会的・経済的生活が大都市のモデルに基づくヨーロッパ風の都市の成長に打ち砕かれた。ガーナ南部に住むガー族のなかには、女性が自分の財産を別個に管理するという生活習慣が長く存在したが、この習慣はヨーロッパの規範に従わないガー族の婚姻と関係のある緩やかな絆によって魅力的なものになっている側面がある。ロバートソンも述べたように、「金を貸すことを否定するガー族特有の倫理」があるが、夫が妻の資力にしばしば依存して他の家族または血縁関係のない者に比べて利子は低いか無利子ながら金を借りることで妻に頭が上がらなくなる。これはリスクの高い制度である。夫は金を貸さない妻に腹を立てる。親類は概して、借り手に感謝の気持や連帯感とともに腹立たしいような依存心を抱かせることはあるが、女性金貸しを満足させる立場には必ずしもない。内面的な緊張感にもかかわらず、このシステムが続いたのはそれが互恵性という覇権のイデオロギーの内部に位置づけられていたからである。例えば夫には妻から金を借りる道徳的権利がある。夫が妻に生ませた子供は老後の妻の支えに貢献するからだ。傍系の親族は他の支えを提供するかもしれない。[70]金を貸すことと慈善の境界ははっきりしなかった。

植民地主義はこの状況にどんな影響を与えたのだろうか。ガー族タイプの結婚はイギリスの植民地時代および独立後のガーナの法律に認められたが、都市地域ではヨーロッパの規範が支配的になった。これが（賃金の稼ぎ手としての）夫の金銭の管理権を増大させ、その一方で夫は妻を養うことを期待された。もっとも、彼らはかならずしも妻の扶養に熱心だったわけではない。したがって、「古いシステム」に則って夫に支配権を行使しようとする女性には、概してそうするに足る金融資産がなかった。家族内貸付に基づく絆は依然として強かったし、当事者が母親と娘の場合にはきわめて伝統的だった。つまり、この点に関しては家族生活の新しいヨーロッパモデルからガー族の規範に明白な挑戦はなかったのである。[71]

植民地主義、ないしはむしろ地元経済の貨幣制度化と、大きな商業市場のために生産する必要性の認識は、ほかの面でも伝統的な経済的結束を決定的に阻害する可能性があった。マーガレット・ヘイは、適例として西ケニヤのルオ族の女性が穀物の経済的生産と市場取引に重要な役割を果たした、植民地時代以前ないし初期植民地時代の環境にロマン主義的な解釈を下してはいない。「貧富の差」が植民地時代以前の社会の特徴であることを認識しながらも、彼女は二つの関連ある立場から富の格差が植民地化の前後にさまざまな社会的関係を生み出したと論じている。以前には富は「目に見えて」いた――良い収穫があれば穀物倉は一杯になったものだ――が、貨幣制度の導入とともに「現金利益」のごまかしが容易になった（「私は多くの穀物を生産したのに代理人は私に……払っただけだ」）。社会関係も基本的信頼に基づくものではなくなった。この事実の結果は、主要産物の輸出によって引き起こされ悪化した繰り返される生活の危機が、もはや主要産物の市場取引に巻き込まれた隣人や親類の援助によっては救われなくなったことで、これはヘイの分析では重要な部分を占めている。要するにヘイの言葉によれば、植民地時代以前の生活苦のなかで「穀物を与えることを拒否するのは生活にゆとりのある女にとって事実上不可能」だったが、植民地時代に入ると、金の信用貸しを控えることは「難しくなった」にすぎない。植民地時代に地元で十分な量の穀物が手に入った女性は、自然または商業的に供給が減ったときに備えてその穀物を貯蔵した。[72] 仲介人を通じて販売すれば利益が上がるものを、只で慈善的にくれてやるのは経済的に意味がない。

こうしたガー族やルオ族の女性の経験は、まるで彼女らが過去の理想にこだわり、環境が彼女らに

「伝統」を捨てさせでもしたように思えてくる。伝統は広く尊重されでもしているように表現される。こうした女性たちは商売をしたがったが、彼女らのやり方は母親に似て情緒的かつ非商業的だったように思われる。しかし、こう言ったのでは誤解を招く恐れがあろう。しかも誤解は植民地時代以前の交換に関してだけではない。最も悪く表現すれば、女性に商人という経済的役割を伝統的に割り振ることは社会的地位の向上であって、現代的な用語を使えば彼女らに「自治権」を与えることでもある、とする仮定は間違っているかもしれない。なるほど市場活動には社会的「報酬」があるかもしれない。ゴシップの娯しみや結婚で家を離れることによって弱められた親族関係の強化などがそれだ[73]。しかし、一連の社会的恩恵の収穫は身分の向上と同じではない。

中産階級の規範に理念的に支配される現代アメリカのような社会にあっては、専門家は女性が家庭の仕事から解放されることは豊かになることで、女性自身にもそう認識されている、と見なしてきた。一九七〇年代にアメリカの女性がブティックを開いたとき、一般の人々は彼女を「解放された」と考え、「伝統的な」家庭の主婦に比べて進んでいると評するのが各方面で流行になった。しかし、女性の活動の限られた場所が市場の商売であり、そうした商売の価値が減じるところでは（ということはそれが政治的権威を与えもしなければ男性にとって魅力的でもないという意味だが[74]）、女性自身は商売によって得た経済的影響力がヨーロッパ人の考えるほどイメージの向上に資するとは考えず、市場における彼女らの立場を強めるいわゆる「伝統的文化」の性的役割についての固定観念的側面を擁護すべきものとも考えなかった[75]。自己イメージに与える市場の積極的な性質の紋切り型の解釈も利益の目的を無視している。夫が妻の利益を吸い上げる地域では、伝統的な解釈はとりわけこころもとなく思われるからだ[76]。

比較のために、ジャワの田舎と韓国のいくつかの地方を考えてみたい。ジャワでは「市場の商人と顧客の大多数」が女性だし[77]、韓国でも市場では「女性が圧倒的に多い[78]」。学者も同じ主張をしてきた。つまり、ヨーロッパで特権的だと考えられる仕事の形式がほかの土地でも特権的にちがいないという考え方は「自民族中心主義的」だというのである[79]。女性が市場で商売をするのはまさに彼女らの地位が低いからで、市場で働くことが彼女らの地位を低く保ち続けている[80]。商人の役割が「解放された地位への適応をもたらす強い基盤」を提供することは言うまでもない[81]。例えば、イスラム教の厳格な隔離状態のなかで生きながらも、一般的な経済的環境が許すかぎり（子供を使い走りとして）家でかなりの商売をやっているハウサ族の女性たちは、広範な信用取引のネットワークを組織し、独創的なやり方でイスラム教の高利貸し禁制をくぐり抜けてきた[82]。もし解放がやって来れば、これらの女性も確固とした「適応の基盤」をもつようになるかもしれない。しかし、それはまた非常に違う議論である。

前述の近代主義的偏見は古代市場の研究でも見出されてきた。ヘンリー・フィッシャーが、紀元前三〇〇〇年のエジプトの霊廟の礼拝堂のレリーフに描かれた女性がおおむね市場の買い物客で、商人はめったにいないことを発見したとき、彼は、これは古代エジプトのこの時期の女性が無力だったことをそれとなく示唆していると述べた。しかし、その点につき異議を申し立てられた際に彼は、社会的地位と威信は社会が作るものであって物の販売をすることから必然的にでき上がるものではない、物の販売は社会組織の配列から言って女性に比較的低い地位を与えているのかもしれない、と苦しい弁解をした[83]。消費材の商売のほかにさまざまな活動を望んだ植民地時代が始まった当初のアフリカ人女性にはやはり道が閉ざされていた。ガーナのアダブラカ族についてペローが述べるところでは、市場に屋台を開きたい女性には開店資金を夫を含め、親や親族がくれたり貸したりしたが、ほかの活動の資金は調達できなかった。[84] 開店に必要な資金または品物、ないしはその両方は大した額や量ではなかったが（「必要投資の低さ」[85]）、贈与や信用の授与はこの点からすれば商売への参入を「強制する」か、ないしは「強要する」手段になった。一部の女性は、植民地時代またはそれ以降の政治の非情さを否定しながらも、習慣的な慣行の破壊をかならずしも否定的にばかり見ようとはせず、せめて禍をもって福に転ずる努力を払わないわけにはいかなかった。いずれにしても、アフリカ人女性は「商売によって得た流動資産があるから権威と社会的地位をもっている」とするキース・ハートの言う「幻想」は打ち砕く必要がある。「そうした考え方」は「植民地時代およびそれ以降の社会の上層部が紛れもなく男性に支配されていたという事実を故意に無視するものだ」と彼は言うが、この言葉は正しい。[86]

大抵の女性は商人の身分を満足のいくものと考えていた。少なくともやめたいほど不満足なものとか、嘆かわしいとか、ほかにもっといい仕事があるはずなどと考えたりはしなかった。数だけを見てもそれが証明できる。女性は消費材や耐久消費材の取引で圧倒的な数を占めていたばかりでなく、ある時期には多くの地域で七〇パーセントから八五パーセント、場合によっては九〇パーセントの女性が商人または屋台店の所有者だった。[87] したがって、概して観察者や学者は、植民地政治のもとでアフリカ人女性が耐えた経済生活の低下に、彼女らが今なお怒りを覚えている事実を記録してきた。その怒りは長期にわたって続いた。ガーナはここでもまた例を提供している。現代の地図でガーナと記されている地域では、植民地以前の時代には移民（ないしは人類学者の特殊な用語では「異邦人」）は他の地域ほど脅威を与える存在とは見られていなかったが、サハラ砂漠以南の植民地主義やその遺産の残る他の地域と同様、長期にわたる移民対地元民の関係を破壊したのは間違いがない。植民地の覇権は、我々の見てきたように移民をふやした。同時にヨーロッパ風のナショナリズムは、植民地時代直後の世界において地元エリートや大衆の両方に深刻な影響を与えた。ナショナリズムの力は移民社会に圧力を及ぼしたが、そのやり方は中世ヨーロッパで「国家の建設者たち」が領土的・理念的地固めのプログラムに多数の支持を得る目的で「異邦人」と考えられる少数者を確認し迫害した手口とそっくり同じだった。中世に使われた方法は、異邦人とされる少数者と金貸しのようなすでに論争の中心となっている多数者の関係の範疇を標的にし、大衆の利益の擁護者として政治を前面に押し出すことだった。[88]

ガーナでは、論争の中心は市場だった。[89] 消費材を商った移民アフリカ人男性は、女性の経営する市場の周辺部で長いあいだ商売をしていた。彼らがこの足掛かりを得たのは、出身地域との接触が地元の市場を経営する女性の手には入らない産物を入手するうえで有利だったからだ。移民男性の数が少ないかぎり、彼らの存在は――しだいにふえていく妻や子供とともに――大目に見られた。もし植民地以前または早期植民地時代の条件のもとで彼らの数が急激にふえれば、地元女性は彼らが市場と直接接触することを阻んで中間商人として扱い、商品を地元商人に卸させたにちがいない。また、地元市場商人は中間商人と市場商人の関係の特徴である信用取引によって彼らへの支配権を維持し続けただろう。しかし、植民地以前および初期植民地時代には、移民は市場の屋台店の経営者としては比較的数が少なかったために許容されるか、無視されるかしたのである。

しかしながら、植民地政権が確立したあとで起こった移民はもっと破壊的だった。新たな力関係からして市場商人が自らの利権を守ることが難しかったからである。ということは、イギリスがガーナの市場支配をもくろんでいたせいで（外国人を除外することを含め）女性の専有ないし支配権を快からず思っていたためだ。したがって、市場の屋台店の経営者にせいぜい限られた範囲の産物しか扱えない移民男性の占める率がふえるにつれて、彼らと、女性支配を肯定し男性経営者の数がふえることを潔しとしない地元（「原住民保護主義者」）の考え方のあいだに衝突が起こった。植民地政府を「民族」政府が引き継ぐと、状況が「逆転する」のは時間の問題にすぎなかった。[90]一九五三年、つまりイギリスが植民地経営からしだいに手を引くことが明らかになった年に、（植民地政権に取り入っていると見なされた）移民屋台店経営者に対するきわめて今日的な市場暴動が起こった。外国人に矛先を向けたこの暴動は民族主義的な色彩を帯びていた。植民地政府に取って代わった政権は相補的な政策を発表し、一六年後には残る外国人（大抵はナイジェリア人だったが）を正式に追放した。（伝統的な民族または言語学的レッテルではなくてナイジェリア人という学者的レッテルを使ったこと自体、植民地時代の変化について多くを物語っている。）

しかし、ここで述べたシナリオが男性移民にしか適用されないことは付け加えておくのが正当であろう。こうした商人の妻になった移民女性もまた市場で屋台店をもった。出身地で生産される消費材を商った夫と異なり、彼女らは多くの地元女性と同じ家庭用消費材を商った。植民地時代直前、および初期植民地時代を通じて、両グループの女性は知られるかぎり暖かい関係を保ち続けた。実際、暴動を起こした手合いは植民地以降の時代の直前には移民男性ナイジェリア人を激しく排斥したけれども、彼らは地元ガーナ人市場商人と競争関係にあるナイジェリア人女性の商いを一世代近くにわたって、ということは国家の反外国人政策が実施されるまでという意味だが、黙認したのである。[91]これらの女性たち——

言うまでもなく地元女性と移民女性――は彼女らのネットワークをもたなかったが、理由はもっぱら女性ネットワークが続いていたためだ。女性の「連帯」はそれの説明にはならない。この現象の説明の一助となりそうな一つの可能性は、ガーナに侵入した外人の定形化が主として男性に適用されるか、「男性の行動」にしか起こらなかったということである。[92]この可能性には魅力があるが、女性移民が市場で活躍し続けたことに対するもう一つのありそうな説明は、年配者や市場の女王に代表される伝統的な支配権を脅かさなかったことである。外国産の消費材を商う移民男性は市場の周辺で商売を始め、やがて中核をなす存在にのし上がった。植民地時代が進むにつれて起こった歪みのせいで、彼らは消費材の取引で地元の女性市場商人が握っていた覇権に挑戦し始めた。しかしこうした移民男性の妻たちにはそうした挑戦をする可能性がなかった。いずれにしても、いささか漠然と女性間の緊密な接触とか友情と呼ばれているもの――民族の境界を越えた非攻撃的な行動や、慇懃な挨拶や、雑談など――が「共通の経済または政治的利点を追求するための」共同作業を創り出す十分な絆をなしていた、という証拠がほとんど皆無なのである。[93]

サハラ砂漠以南の別の地域でも同じシナリオで芝居が演じられた。しかし、シナリオが過去を蘇らせることはなかった。植民地時代になると外国人（移住アフリカ人、レヴァント人、南アフリカ人）ばかりでなく、地元の男性も市場関係に侵入し始めた。おおむね「ヨーロッパの価値観」をもつこうした男性を、原住民保護主義に熱心な植民地時代以降の国家が追放することはできなかった。したがって、植民地環境に順応しようと最善を尽くしていた[94]地元女性は、男性市場商人がしだいに優位を占め破壊の脅威にさらされた市場秩序の維持に全力を傾けた。そうした努力にはどんな種類の順応が含まれていたのだろうか。

ザイールの三つの主要都市の一つキサンガニでは、植民地主義の到来が原住民社会の男女の分業を阻害し、市場における女性の役割や信用取引の提供と獲得を規制する一方で、経済生活における伝統的な力を維持しようとする一部の女性は、以前ならば直接できた信用取引をするのに男の仲介人を利用した。彼女らが使った戦略のなかには、外国人やヨーロッパ人と関係のあるアフリカ人と「結婚する」とか、男の親戚から直接借りる（これもまたかならずしも望ましい依存関係ではなかった）などのことがあった。[95]

サハラ砂漠以南のその他の多くの地域では、銀行が常套的に女性を差別するとあって、よしや部分的にせよ新たにヨーロッパ化された男性への対抗手段として、女性に対する信用取引の制度的インフラストラクチャーを提供するためさまざまなタイプの組合が女性によって設立された。[96] 女性は近代的な金融機関からほとんど無制限に資金を借りて商業における彼女らの役割を維持しかつ高めることができるだろう、などと考える批評家が十九世紀半ばに大勢いたとは、今となっては笑止千万である。[97] 女性に対する信用貸しの機会が失われたことを埋め合わせようとする最も有名な組織はいわゆる回転（互助）組合である。これはほとんど常に女性の支配下にあって、善隣貸付という古い概念と、組合員に対する一種の少額貸付を提供するための商業組織という新しい原理に基づいていた。少数の女性が稼ぎの一部を共通の基金に定期的に積み立て、一定の周期で各人が順ぐりに基金からかなりの金額を借りて、仕入れその他の事業資金に回す。こうした回転（互助）組合は成功する場合もあればしないこともあった。[98]

これと似た、ほとんど古代的形式の組合——とりわけ信用取引協同組合や、もっと非公式な信用取引ネットワーク――が植民地時代とそれ以降の都市化および商業化に対する「創造的適応」の一環として他のところでも似たような結果を伴って輩出したことを証拠立てる書類がある。[99]男性の侵入や、商業化や、初期的産業化という挑戦に対する女性商人の独創的な反応は、ほとんど常に嘲笑されるか公然と非難されるかした。植民地時代以降の見解は、ジョン・ハウエルズとデール・アダムズの「非公式な信用取引市場は……せいぜいのところでうまく機能せず……少額の借り手を食い物にしている」という言葉に要領よく要約されている。[100]

ときおりこの問題の犠牲者が非難されるのは驚くべきことではない。ということは、金利の安い銀行の信用貸しが利用できるにもかかわらず、その多くが女性である小規模生産者がいわゆる小口の借り手を搾取する金貸しから資金を調達し続けている、と当局が主張する状態だったからである。規模の小さい生産者は事実銀行を避けたかもしれないが、そうせざるをえない理由があった。一つは銀行と金貸しの利率の違いが最初の見かけほど重要ではなかった、少なくとも問題の借金が少額で期間も短ければそう言えた、ということがある。[101]実際、貸付が少額であるばかりか、彼らが設けようと努力していた正式の貸付制度は顧客の信頼性を適切に計るための情報が不十分だと主張していたこともあって、銀行家自身がそうした貸付業務を蔑んでいたが、これは伝統的な地元の金貸し業界ではほとんど考えられない事実である。[102]正式な機関が肯定する貸付は呆れるほどの債務不履行率（ある研究ではその率は三五パーセントにも達する）があったが、[103]植民地時代以降のいくつかの国家の経済事情のもとでは、非公式な部門でも債務不履行率は驚くほど高く、「いくつかの事例ではその割合は五件に四件」だった。[104]

しかしながら、小規模事業主や田舎の市場商人、わけても女性商人が銀行に金を借りに行くことに感じた抵抗は社会的ネットワークという広い問題と半ば結びついていた。田園地帯の女性は、たとえ利子が高くても、金が必要なときには銀行よりも地元の女性金貸しや友人に借りるほうを選ぶ。理由は彼らから借りることで地域社会感情に訴え、必要なときには返済期限を延ばしてもらうことができるからである。銀行が相手ではこうした可能性はない。銀行は官僚的で、期限どおりに返済できなければ債務不履行扱いを受け、没収、抵当流れ、倒産等々の憂き目を見ることになる。[105]

　長期にわたるかなりの額の信用取引は条件が違ってくる可能性がある。大規模取引を行なう債権者と女性市場商人のあいだには、えてして友情という社会的言語が欠けていた。[106] それでいながら、植民地時代の国立銀行が長期にわたる相当額の信用取引を成功裡に行なったところでは、男性に対して貸し付けるのが常套的で、時には移住男性を優先することもあったが、女性には決して多額の融資をしたがらなかった。たとえ女性が植民地の銀行から資金を借りることができたとしても、その事実がより広い開発政策に影響を与えることは決してなかった。[107]「女性を援助することは十五年以上にわたって開発の関心事だった」が、それは期待された結果をもたらさなかった。[108] 植民地時代以降の銀行は私企業と国営の如何を問わず、実行可能なよりよい代替策を何一つ提供しなかったからである。銀行は潜在的な女性借り手に好意的な反応を示さなかった。[109]

　したがって状況は絶望的に思われた。経済計画担当者が財政の基礎構造を劇的に産業化し現代化しようとする多くの第三世界の国々では、経済はおおむね女性市場商人の手に握られ続けた。ほとんどの伝統的な担当者に発展の障害になると見なされた女性たちは、非凡な経営能力を備えた者がいたにもかかわらず、[110] 開発計画のなかでは無視されるか、さもなければかろうじて大目に見られるという状態で、なかには迫害される者さえいた。[111] 経済および経済成長に対する彼女らの貢献はおしなべて認められず、「アフリカ人女性で全ての人々の日々の生活の維持の重要性に気づいていた者はほとんどいない」状態だった。[112] ナイジェリアの田舎の開発について述べるS・K・T・ウィリアムズの言葉は、いたるところに適用できるだろう。

大抵の田舎の開発計画は男性を念頭に置いて行なわれ、女性を対象としたものはほとんどない。また、女性の参加を求めたものもない……今日まで、彼女らが教育拡充サービス、信用取引、市場サービス、などによって提供された便益から恩恵を受けたことはなかった。また、いかなる種類の正式な訓練を受けることもめったになかったのである。[113]

市場の女性商人はみすみす姿を消すことは潔しとしなかったが力を著しく弱められ、経済界における自分たちの役割をいくばくかでも維持するためにさらに興味深い方法を生み出した。こうした方法は信用貸しの原始的形式ならびに取り決めと習慣的に見なされるものを保存する助けとなるが、そのくせ彼女らの企ての創造性そのものが（大規模産業支配後の環境では洗練されていないように見えるかもしれないが）、資本を遠ざけるよりもむしろ彼女らのほうへ差し向ける（現代化への異なった道であり）開発専門家に好意的な証言かもしれない。しかし古いやり方はなかなか死なないものである。第三世界の環境では、経済の相当な部門が女性商人の小規模な活動に支配され続けている社会の開発のために必要だとしだいに考えられるようになったけれども、女性に対する信用貸しは日常的に阻害された。[114] 信用で金が借りられることは、女性の生産能力を効果的に動員するには不十分かもしれない。要するに、信用貸しの拒否がそのなかに組み込まれる大きな差別待遇が行なわれたのである。しかしそれは必然的な処置であって[115]、それには希望を託すことのできる原因がいくらかある。そうした失われた機会をめぐる嫌悪感がついに学者の機関誌から影響力の大きな公的報道機関に移行したからである[116]。

漁業社会——一つの例外

主として内陸部の農業もしくは都市社会を扱ってきたサハラ砂漠以南のアフリカの事例、ならびに類似した事例は、植民地時代の変化を経験した他の文化や環境経験の背景となる基準を構成する場合がある。そうした比較に関する主要かつ最も明白な点は、この恣意的な基準からの逸脱が大きいことである。漁業社会がその適例である。先ず第一に、漁業社会が性別による（肉体労働の）最も厳しい分業の一つを常に行ない、それから脱却することが困難だったとされる。しかし、肉体労働の担い手と生産資金の所有者はほとんど常に男性だったせいで、植民地の行政機関としては、そうした習慣を打破する誘因がなかったのである。植民地政策としては典型的に遅い取組みだった沿岸漁業の現代化ないし商業化を試みた当局は、性的分業を再構成する必要はなかった。植民地以前または多くの植民地社会における魚の市場販売が、常にそうではなかったにせよしばしば女性の領域だったことは間違いがない[117]（沿岸、湖畔、河岸に住んで商売をしていた魚売り女がよく知られている現代以前のヨーロッパではまさに女の領域だった[118]）。しかし、少なくとも厳格なパーダ（身分のある女性を男性から隔離する習慣）が行なわれているヒンズー教徒の居住地では、魚売り女は通常あまり見られない。また、イスラム教徒の漁村では（アフリカや南アジアの漁村はイスラム教を信奉するところが多いが、これは渡来するなり沿岸地域に影響を与えずにはおかない宗教の後発性を反映したものだ）、女性は商売も禁じられた。したがって、ここでもまた、商業的利益は労働投入量《インプット》の再分配によって克服されねばならない現代化への障害とは認識されなかった。その結果、植民地統治のもとでは、伝統的な漁業を商業漁業に転換するのは比較的簡単だったはずだと思われる。しかし、実際にはそういうことにはならなかったのである。

最近の研究は、性による分業と生産資本の所有に関する大まかな一般論は（イスラム地域以外の）アフリカその他の地域においては植民地時代以前の既定事実ではなく、力と仕事の平等主義的分配の非常に早いころの植民地的歪みの結果ではないかと示唆している。我々は植民地以前の世界が植民地的イメージと完全に無縁だとはかならずしも想像しない。例えば、女性が貝や海老や海草を素もぐりで獲り、男性は農耕を行なっている韓国の済州島《チェジュ》のような漁業社会が近代化の影響のもとで信用取引組合が同じように分離されて素もぐりの女が彼女ら自身の互助信用貸し社会を、男の農民が独自の協同組合を、それぞれ作るといった事態が多くの地域社会で起こることはきわめて疑わしい(119)。しかし、もしこうした状況がどの時期、そしてどの地域でも例外的だとすれば、多くの土地の植民地時代のきわめて男性支配的な漁村が、以前のはるかにバランスの取れた労働分配の植民地主義の影響下における変形だったのかもしれない。

エミール・ヴェルクルッスは、死後の一九八四年に発表された研究のなかで、女性が間違いなく家庭消費材の売買を支配していた西アフリカの漁業社会を扱い、漁業労働における女性の役割は性別によって分化した労働の典型的なイメージのせいで傷つけられたと論じている。市場での売買そのものが扱う産物への支配力を女性に強制し、捕獲したものに燻製その他の加工を施す労働に彼女らが関わることを必要にした。[120]

キャロライン・イフェカは、専門とするモルディヴ〔インド洋中北部の環礁群から成る国〕とインド南西部の非イスラム漁業社会では伝統的に女性労働に批判的だと論じる。女性は「網作り、帆の修理、魚の塩漬けと乾燥、ならびに市場の売買……」などに従事する。[121] 彼女は、「職業としての漁業」に対する女性の貢献が衰退しつつあることを認め、原因として植民地主義と、それ以降に「外部資本に対する地域の依存度が深まったこと」を挙げている。[122]「沿岸漁業、加工、販売等々から上がる外部資本家の利益が支配を生み、ヒンズー教徒の女性は路傍の市場の魚の小売業者に落ちぶれていった」。[123]

イギリスの植民地化によって女性は漁業または市場活動にまつわる肉体労働には従事しなくなったが、ガハヴァラのスリランカ（のシンハラ族）社会のように、性による分業が存在していたことが知られている地域でも、信用貸しは恐らく女性が一手に引き受けていた。イギリスの植民地になったあとでもこれは続いた。一九八二年に発表された研究のなかで、ポール・アレグザンダーはガハヴァラの「漁村の金貸しは全て」いまだに女性だと述べている。彼はまた、回転信用貸し組合――植民地社会ならびにその後継社会と結びついたたえず繰り返される信用貸し提供制度――の利用者は全て女性で、「男性は妻を通じて初めて参加できる」ことも発見した。[124] 組合が提供した信用貸しは漁獲量が少ないときには期間が短く、借金は三か月から四か月で返済することになっていた。[125]

漁業がさほど大きな役割を果たしているわけではないが、シンハラ族のこの例はインド本土の二つの種族のそれと比較することができる。第一の例、すなわちインド亜大陸の西岸にほど近い（グジャラットと境を接する）ナジク地区のマハラシュトラ‐バグラン・タルカの種族の場合には、女性が商人として活躍した証拠はないものの、金貸しだった紛れもないデータがあちこちで調査に従事している研究者の手によって発掘されている。その役割ははっきりせず、男性のそれに比べて大いに劣っていることはほとんど間違いないけれども、パーダ〔身分のある婦人を男子から幕で隔離する習慣〕や、女性の適切な行動に関するイスラム教徒のしきたりと同じ程度に強い束縛によって抹消されないまでも弱められている[126]。

第二の例はインド東南部のクンバペタイ村のもので、研究者はキャスリーン・ゴフである。彼女の研究課題はバラモン・カースト〔インド四姓中の最高階級である司祭者層〕のなかで「女性にとって唯一の適切な役割は妻であり、母親であり、夫の一族に仕える家政婦であるという」依存と相対的に隔離された状態で生きていた、いわゆる取るに足らない女性たちである。しかし、やがてゴフは新たな発見をすることになる。バラモン階級の女性は、例えば父親や親戚から金を工面したり、非公式な信用取引組合から借りたり、あるいはもし夫に先立たれれば遺産を利用して金貸しになることができた。夫婦に関して最も興味深いことは、ゴフの発見によれば、

夫は通常妻の金貸し業について知らなかったり、無知を装っていたという事実である。もしバラモン階級の男性が金に不自由すれば、隣人に借りたと称して妻が夫に用立てるのである[127]。

この世紀の半ばには、マレー半島のさまざまな漁民社会の女性の役割が大きく異なり、商売や市場活

動が重要な社会もあれば、そうでない（つまり魚の調理や保存処理に限られている）ところもあった。[128]「ささやかな商売」のなかで「女性の自由」が著しい社会では、妻たちは恐らく実家の資金または信用貸しで「夫に対して銀行家の役割を果たすのが当たり前」だった。[129]

　彼女らは助言者として夫と同じ程度に重要であり、投資問題ではしばしば主導的な立場にあった。男性が妻の意見に従って船を売ることをやめた事例はきわめて多く、事実夫は買い手に向かって売れない理由として妻の反対を挙げることが多かった。[130]

　前の引用に強調された言葉に明らかなとおり、レイモンド・ファースのような人類学者の人間的で学識のある観察者の驚きは、恐らく植民地問題の専門家がこうした状況に初めて遭遇して感じるにちがいないことをいくぶん反映したものだろう。また、妻が異常な支配力を行使するにいたる経緯も、資本の出どころが自分の実家とあれば理解に難くはない。いずれにしても、漁師の妻はたとえ彼女らの父親の利益の中心地から遠く隔たったところへ嫁いでいても、えてして実家と強い絆で結ばれていた。彼女らが実家に戻る際には獲れた魚の燻製を売り、実家の産物を持ち帰った。[131]
　信用貸しのこの隠れた「支配力」（支配力とは表現が強すぎるかもしれないが）と、市場において常時ではないにしろしばしば女性の発揮する特異な役割は、漁業社会の植民地時代の変貌に奇妙に抑制的な効果をもっていた。ヴェルクルッスが考察したガーナの漁業社会は漁業社会一般の例に漏れず、漁獲量の不測の変動にさらされた。豊漁期には、植民地政府によって厖大な乱獲が強制され、信用貸しは危険なものにならざるをえなかった。大手漁業者は集約化の目的で沿岸（熟練）漁業を近代化するばかりでなく、不漁期には比較的遠洋に出て操業できるように装備を変えた。しかし、漁民は不漁期（これは植民地時代の企業家が奨励する乱獲のために以前よりも長期にわたった）には短期の家族または近隣からの信用貸しに頼らざるをえなかった。さらに、これらの事業主は不漁期に獲れた魚を国外または近隣社会以外に売ることには根強い反対に遭遇した。限られた量の魚は伝統的に女性の手に渡り、家庭や社会の消費に充てられた[132]。同じ制約の多くが当てはまるスリランカの漁業においては、植民地の事業主は彼らの立場の弱点にようやく気づいて漁民をあたかも家族のように啓発し、親類からの信用貸しに対する依存の循環を断つ手段として「この社会的絆への経済的関係を広め始めた」[133]。しかしそれを知ったのは遅すぎた。それが漁業社会における女性の財政上の役割がどうして植民地政策のもとで本質的に他地域に比べあまり変貌しなかったかを説明する助けになる。

西インド諸島

西インド諸島（およびある程度までラテンアメリカ地方一般）の植民地社会における女性、市場、信用貸しなどの研究は、アフリカのサハラ砂漠以南の植民地社会の研究に似た諸問題に関わってきた。こうした市場に関連する「特異性」（それらのヨーロッパの標準からの逸脱）は、商業と性の関係を表示しているのだろうか。それはアフリカの奴隷と彼らの価値観を導入した結果だろうか。それともそれらは新世界における植民地生活の特殊な性格、すなわちアメリカインディアンや、アフリカ人や、ヨーロッパ人の思考と生活様式や、奴隷制度の構造的制約などから起こったのであろうか。その起源がどうであれ、市場や、信用貸し関係や、性による分業などは、それらがひとたび始まれば植民地時代と、その後の大規模工業化が始まる以前の時期に促された商業化の一つの結果として（それが起こったところで）重大な変貌を遂げたのだろうか。最後に、この世紀の半ばに開発経済学者に非常に支持された工業化と都市化へ向けての女性による圧力とは何だったのか。女性は労働力や、経済力や、あるいは経済成長熱における信用貸しの利用という点で彼女らの役割を維持してきたのだろうか。以上は容易に答えることのできない問題である。それらに関する研究は領域によってはかなりのものだが、他の領域ではいまだしの感を免れない。したがってここで提供される「答」は全て仮説の域を出ないのである[134]。

西インド諸島の市場が研究者の目に特異なものに見え、田園地帯では今でもそう見え続けているのは間違いのないところである。基本的な特異性はアフリカのサハラ砂漠以南のそれと同じ、つまり市場活動の多くの側面において女性が圧倒的に目立っており、「ゴシップ」や余暇活動ではそうではないものの、消費物資の売買では場合によっては男性の姿は全く見当たらないほどだ[135]。例外はあるかもしれないが、ほとんどの場合がこうなのである[136]。こうした商業活動のパターンはハイチ、ドミニカ共和国、マルティニク島[137]〔西インド諸島南東部、ウインドワード諸島北部の島で、フランスの海外県〕、トリニダード[138]、ジャマイカ[139]、バルバドス[140]、その他南アメリカ大陸の隔絶したカリブ海沿岸社会（マルーン、つまり逃亡奴隷の居住地）といった地域の市場で記録されてきた[141]。ジャマイカのように数字が明らかな場合には、最近（二十世紀）のものだが示唆的である。というのはジャマイカの商人の七〇パーセントから七六パーセントは女性だったからだ。もっとも、男の商売が比較的儲かったのはアフリカの状況から学んだことが行なわれていたことによる。要するに、一定の商品の長距離売買を男性が一手に引き受けていたためだ[142]。

こうした市場の特異な背景に関する問い掛けに適切に答えるには、カリブ海地方のコロンブス以前の経済関係について、我々が現在もっている知識をはるかに上回る知識が必要になるだろう。この問題に関するかぎり、我々の目的に適うことはほとんど何も発見されていないようだ。大陸については、学者は植民地時代以前の（アステカ王国時代の）メキシコ女性が社会的に見て「市場に最も頻繁に参加した」らしいばかりでなく、スペインによる征服の前夜には、市場そのものがメキシコの都市化された渓谷における末梢的というよりむしろ中心的な施設になっていたことを示している。植民地時代以前のヨルバランド〔西アフリカ、現在のナイジェリア南西部にあった王国〕について示唆されてきた過程に似て、「都市化」は戦争と征服のあとも、戦士や聖職者が高い地位を依然として占めていたメキシコで女性の経済活動の幅を広げたと言っても過言ではない。少なくとも、この社会には「男性に伍して女性［強調は筆者］が市場の管理者だった」証拠がある[143]。そして今日、大陸のアメリカインディアン居住地域のあちこち――一例を挙げればテワンテペック地峡〔メキシコ南東部の同国最狭部〕のザポテク族〔メキシコ Oaxaca 州に住むアメリカインディアン〕の巡回市場商人（*viajeras*）――で女性が支配していた、ないしはかなり活躍していた事実が散見され、この説にある程度の信憑性を与えている[144]。しかし、ラテンアメリカ地域の市場にはどう見てもこの説を支持するとは言えない例が数多あることも指摘しておかねばならない[145]。さらに、もしこの説が正しいとしても、ヨーロッパによる征服の前夜には経済発達のレベルが低く、原住民の死亡率が征服前の大陸のそれよりもはるかに高かった島々にこうしたパターンが推定されうるとはきわめて考えにくい。こうした条件のもとでは、古い行動パターンは新しい状況に適応できないから消えていかざるをえない。キース・ハートの言葉によれば、「西インド諸島は非常に特別なところで……原住民と伝統が消えてゆく」のである。(146)

したがって、大抵の学者は西インド諸島の市場活動にコロンブス以前の典型的行動様式の影響を考慮せざるをえないとは感じなかったのである。彼らはこれらの市場を、(正式の政府の特許状のような)ヨーロッパ的概念によってある程度「発酵された」西アフリカのモデルが新世界へ移植されたもの、と考える傾向がある。(147) これは西アフリカのパターンが十九世紀以前のもの、ないしは奴隷売買の時代に移植されたと推定するところからきているが、前にも見たとおり、この考え方には問題がないわけではない。(148) 西インド諸島の市場が西アフリカの系統を引いているとする問題について、文化移転の極度に単純なモデル化を精力的に批判してきたミンツは、自信をもって言えることはアフリカと対比できる、ないしは酷似している、のは一連の慣行だけだと述べている。「とりわけ興味深いのはジャマイカでは現在女性がほとんどの市場活動を行なっている事実だが、西アフリカの多くの地域ではかつても現在もそうである(149)」。

上記の文章を引用した書物のなかで、ミンツはさらに、今日と最近の観察はこれらの市場に関する以前の証言と全く一致しているわけではない、と指摘している。

十八世紀のジャマイカの市場における奴隷売買では、女性商人の数が男性を上回っていたことを示す証拠はない。十九世紀前半のあいだは、ほとんどの記述は男性市場商人または家族がこぞって供給拠点で働いていたと述べている。(150)

マリエッタ・モリセーは、一九八九年に西インド諸島全般について同じ結論を下し、女性が商売に関して常に優勢な地位を占めていたのではないようだ、と述べた[151]。彼女らはいくぶん誇大に表現されていたのかもしれない。これは、農業に依存する政体がその性質上、内陸部の集団ごとに非常に異なるせいで、一部の市場が奴隷の働く農地から遠く隔たっているためである。地域によっては、奴隷の所有者は仏領カリブ人のようにこうした市場に出入りする許可証を女の奴隷よりも男の奴隷に与えたがらなかったらしい[152]。きわめて疑わしいアフリカ西部の遺風よりも、これが奴隷によって経営された初期の市場の一部に女性の数が異常に多い理由だと考えられる。

したがって、一般的に言って我々はアフリカによく当てはまるような説明に頼らざるをえない。ヨーロッパ人は植民地環境を作る過程で、彼らが支配する民族独自の創造と見なしうるような――実際にはつむじ曲がりな――システムを作った。この例では、奴隷制度の特徴はアフリカ人が旧世界からもってきた文化的伝統を変貌させた重要な変数だった（最近、一部の著者は西アフリカの構成要素を主張し続けている。しかし彼らはその相対的な意義を論じているだけだ[153]）。奴隷は生き残るために資産を有効に利用し、創造的な方法で更なる資産を獲得しなければならなかった。

大人の男女と子供たちは商品を生産して（ないしは盗んで）仲間内で物物交換するか、少額の金に換える[154]。産物の一部は領主のために市場で換金される。奴隷間に活気のあるこのシステムが普及するのを領主が好まなかったことは明らかである。すでに暗示された永続的な疑惑は、市場に出される商品が彼ら、または島の住人、ないしは訪問者から盗まれたものではないか、ということにあった[155]。さらに、この制度は奴隷制度や農園経済の素朴な見方と矛盾した比較的自治的な一種の商業関係を許容した（そしてこの程度にそうした市場の存在そのものは一部の権威によって政治に対する奴隷の一種の「抵抗」として類別された）[156]。にもかかわらず、奴隷によって経営され、奴隷と領主の両方の需要を満たした市場は西インド諸島で続いたのである[157]。「なぜかといって市場活動をする奴隷が多いことは現金を蓄積する主要な手段だったからである[158]」。

しかしながら、究極的に自由と女の社会を創り出した解放は当初から起こっていたのである[159]。解放は半ば商売で蓄積された金によって購われた[160]。いくつかの島々では、自由になった人々はしばしば白人との混血児だったが、彼らは黒人奴隷とは区別され、さまざまな理由で市場活動を奴隷に任せた[161]。しかし、自由の身になった多くの男女は市場活動を続けた。彼らの場合に最も興味深い進展は「蓄積した利益で自分の土地を取得して独立した自作農になった」ことである[162]。このなりゆきで成人男性が市場活動を女性に任せ、商売の道から脱却する契機となったことはほぼ間違いがない[163]。西インド諸島で最終的に優勢を占めるにいたった女性の立場を表現するに当たって、ミンツは「市場の女性の友人」という言葉を使っている[164]。

男性が市場から姿を消して女性に道を開いたことと不完全ながら興味深い対比をなすのは、中世に十字軍戦士として外国に遠征して住んだヨーロッパ人である。反撃するイスラム教徒を相手の戦いに戦士への需要がふえるにつれて、伝統的に男性の職業や活動だったことを女性が受け持つようになって、市場は現代のヨーロッパと異なり、しだいにヨーロッパの植民地の女性が働く場になっていった[165]。その結果、植民地時代のサハラ砂漠以南または西インド諸島の市場に奇妙に似たものになったのである。

時間的にさほどかけ離れてはいないが、世界の反対側との比較もまた有益である。やっと食べていけるだけの経済と初歩的な物物交換が行なわれていたにすぎないニューギニア高地に住むチンブー族のあいだでは、換金作物であるコーヒーの生産が市場の創設と伝播を促した。しかし、コーヒーの生産と加工に男性が動員されたために、コーヒー経済に伴う新たな人口集中に対応すべく、市場活動を始めたのは女性だった[166]。男性が「植民地主義」の直接または間接的な力によって一連の現存する経済関係から奪い去られたニューギニアのこの地域にもたらされた結果は、(千年近く前の十字軍の遠征国家の場合と同様に)全面的に女性化された市場システムだった。システムは恐らくアフリカのいくつかの地方ほどには女性化されはしなかっただろうし、アフリカ大陸で普及したのとは違う条件のもとで起こったのであろうが、それにもかかわらず、アフリカの市場との類似性には瞠目すべきものがあった。しかもそれは文化的な借用なしに起こったのである。この文脈では西インド諸島の経験が一定の身近な特徴をもっている。

西インド諸島のそれのような、たえず多数の白人や、白人と黒人の混血児や、黒人、それに時にはアメリカインディアンや、〔特にスペイン人とアメリカインディアンとの、ヨーロッパ人とインド人・黒人・マレー人との、またはフィリピン人と外国人との〕混血人《メスティーソ》や、最近ではアジアからの移住者のような外来成分からなる植民地および植民地以降の社会では、職業上の差別は「民族」と関係しているのが典型的だった。あるきわめて首尾一貫した研究団体は研究に研究を重ねた結果、西インド諸島と大陸沿岸部の居住地では肌の色に基づき色の薄さに特権を与える階級制度が行なわれていることが判明した[167]。カスティリヨ、シリー、ならびにヘルナンデスがドミニカ共和国について書いたことはこの地域一帯についても適用できる。

ドミニカ共和国の伝統によれば、人種には白人を筆頭にアメリカインディアン、黒人の順で差別があった。個人の経済力はそれぞれの人種内で差別を生じた。[168]

結果はミンツが創造した「市場の女性の友達」が黒人で、商人（または行商人ないし呼び売り商人）としての彼女の役割が価値を減じられることになった。[169]

商売は純粋に人種的理由で白人の上流階級やその他の肌色の薄い人々に蔑まれたが、商売に関連する相対的な財政的独立は女性商人によって一貫して尊重された。しかしながら、商人自身が自分たちの職業を社会的に高く評価していたわけではない。[170] しかし、商売の社会的威信を決めるのは人種や経済力に留まらない。少なくとも白人の数が非常に多かった群島社会ではそうだった。白人移住者はもともと貧しい女性たちが多く、例えばバルバドス島では彼らはアイルランド出身者で、「大抵が年季奉公人と彼らの子孫たちだった」。アイルランド人であるためにイギリス人に差別され、彼らの多くは行商に従事していた。自由の身になった男女が参入したために、市場には経済競争の要素が導入されていった。しかし、自由になった女性が市場活動に参加したせいで、ある程度協力の要素も生まれた。彼女らが奴隷と接触し続けたために彼らの産物が供給されたからだ。下層階級の白人女性行商人は、性的タブーのせいで解放奴隷や奴隷とはもてないような気楽な関係を、解放された女性行商人とのあいだに保つことができた。彼女らは解放された女性を通じて奴隷から産物を手に入れることができた。こうした白人行商人は「信用貸しで（再販売するための商品を）入手した」ことを示しており、優勢を占めていたイギリス人居留者の目からすれば、金融的・個人的信用貸しに基づくこうした相互関係は忌むべきものだった。奴隷、女性の解放奴隷、アイルランド人女性らのネットワークは、当時のイギリス人にしてみれば忌むべきもの以外の何ものでもなかったからである。実際、優勢を占めていた居留民にとっては、このネットワークは泥棒の巣窟とほとんど変わらないように見えた。(171)

自由の身になった女性商人はアイルランド出身の女性商人や行商人に信用貸付を行ない、植民地政府が建設した刑務所のような機関に対して信用販売をしたが、(172)彼女ら自身は事業の拡張のために信用貸付を受けたり、借金をするなどのことはめったになかった。エドワード・コックスは「セント・キッツとグレナダの自由な有色人種」の研究のなかで、白人商人から「比較的容易に信用貸しを獲得することのできた」解放奴隷の行商人は店の経営者または「独立した商人」となったが、それは少数の男性だったばかりでなく（少なくとも彼の挙げた例は全て男性である）、「大抵の者は肌の色が薄かった」と述べている。彼はこの事実に「社会の肌色意識と、（こうした男性の）白人の先祖が彼らに必要な縁故と商業活動の機会を提供することができたのだ」と考えている。(173)このモデルは西インド諸島全体に共通するものではない。例えばバルバドス島には白人商人が商人だった解放奴隷に信用貸しを供与したがらない傾向がある。(174)特に彼らは女性に対してはそれをしない傾向があった。その結果、他の社会の例で見てきたように、女性商人は今日にいたるまで事業を拡大し、現代化するなどのことができなかったのである。

女性の限られた経済活動の分野では、女性の支配するアフリカその他の第三世界の市場で信用貸し制度が作られ、同様の目的に利用された。創業資本は主として友人や家族から集めた[175]。ジャマイカのような島では、家族よりも友人や金を貸してくれそうな者から借りる傾向があることは重要で、アフリカ西部の少数の地域について言えることに近いばかりでなく、それを反映していると言ってもいいだろう。要するにそれは経済的に親戚に頼ることを潔しとしない考え方があるためである[176]。

他の地域ではこれと全く逆のことが当てはまる。ジョージ・シンプソンは一九四二年に発表したハイチ島北部の家族制度の先駆的研究のなかで、プラサージュ（*plaçage*）の重要性を指摘したが、これは男性が複数の家庭または性的関係をもつ慣行である。合法的な（カトリック教に基づく）結婚が行なわれ、（インタビューに応じた者によれば）それが好ましいとされてはいたが、費用が高く、奴隷制度の遺産が複数の相手を奨励したとされる。しかし、インタビューに応じた者のうち男性は、複数の家庭を維持したり性のパートナーを複数もつ理由として性欲の満足を挙げることは決してなかった。「女性は一生懸命に働くし、経費があまりかからないから貴重な補佐役だ」というのが彼らの言い分だった[177]。

鍵となる要因は費用と投資の見返りである。こうした関係における女性は夫婦の利益につながるような前貸し資本、または市場商人となるための物質的資産（小屋や庭）を伴って提供された[178]。この関係は男と複数のパートナーのあいだのもので、女性のパートナー同士のものではない、ということは指摘しておく必要がある。後者のなかの暮らし向きのいい者が妻同士に資本を前貸しする、ということはなかったようだ。実際、シンプソンは彼女らの関係を「ひどい憎しみと争い」に満ちたものだった、と述べている[179]。奇妙なことに、スダーカサが研究した西アフリカの一夫多妻のヨルバ族の間にも同じ二分法が観察されている。夫がしばしば創業資金を提供し、将来妻から彼ら自身の買い物に対して信用貸しの供与を期待するが、「共有の妻から金を借りて商売の資本の足しにしたり、必要な買い物をした、などのことは誰一人報告しなかった」[180]。

仲買人的な女性や、信用貸し関係における女性仲買人や買占屋の役割は、たとえ西インド諸島全体に恒常的ではないにしろ目覚ましいものがあった[181]。これまで見てきたように、再販のための品物は時として信用貸しで購入されたが、これは信用貸しの供与が市場の女性商人間、または生産者と市場商人のあいだの取引関係を緊密にする手段だったためである[182]。例えばアンティル諸島の女性魚屋は（男性の）供給者から魚を買い占め（ないしは信用貸しで魚を買い求め）、地元の市場で消費者および宿屋に売るか、戸ごとに呼び売りして歩くかした[183]。しかし、旅行者向けホテルやレストランからの需要がふえると、この伝統的なネットワークでは間に合わず、「調達力」に限界のある転売者を通さない傾向が出てきた。ホテルの馬丁は、観光産業の繁栄を望む政府筋に唆されてのことにちがいないが、いわゆる白人入植者《ベケス》に目をつけた。彼らはホテルやレストラン相手の取引を独占するだけの資金と商売の知識を持ち合わせており、商品の大量供給の機会を虎視眈眈として狙っていた（さもなければ女性商人との食品の納入競争などには手を出さなかっただろう）[184]。その結果失われたのは、そもそも観光客がこうした島々にやって来る原因となった「異国情緒」である。

西インド諸島の市場では小売の信用取引は伝統的に昔から比較的小規模で、めったに行なわれなかった。「値切ることは本質的に現金払いの持ち帰り取引」に限られていた[185]。消費物資を借りること、あるいは消費物資を買うために金を借りることは、顧客と商人のあいだよりも隣近所の人々のあいだで行なわれること、ないしは、もし前者のあいだならば、市場の外で行なうべきことだった。しかし、新たな要素がこの二分法に圧力をかけることもある。マルティニク島の場合、フランスの影響のもとスーパーマーケットが成長したことはこうした要素の一つである。最初のスーパーマーケットは主としてフランスから輸入された贅沢品を扱った（男性によって独占された長距離貿易の品目である）[186]。彼らがそれをやるかぎり、伝統的な女性商人が顧客に信用貸しを供与したくなる誘因はなかった。しかし、大型店舗が大量仕入れの大量販売市場に転向して主要産物を含め多数の品物を提供し、しかもしばしば規模の利益によって安い価格で提供する場合には、表面的には買い物客がスーパーマーケットよりも伝統的な市場を選ぶ理由はない。ジャマイカの状況はまさにマルティニク島の状況と同じように発展した[187]。西インド諸島の多くの地域の一般住民が貧しいことを考慮すれば、売上の減少を食い止めるには女性商人が買い物客に信用売りを行なうことを習慣的にためらっていたやり方を変えるしかなかった。そうした変化が可能かどうかが問題なのである。

前述の全ての実例からして、女性商人にとって避けられないと考えられる圧迫に屈しない一つの手段は、現在の商売を向上させる目的で生産向け信用取引を獲得することである。ペンキも塗らず、屋根のない雨ざらし吹きざらしの市場の屋台店は古風で異国情緒に富んでいるかもしれない。しかし、これでは屋根付きの売り場には太刀打ちができない。適切に改善されてこそ、観光客は言うまでもなく、地元の顧客にもスーパーマーケットよりはるかに魅力があるというものだろう。しかし、金をかけて設備を改良すれば仕入れ代金はどうなるのか。以前には商人に対する資金調達者が女性商人に背を向けたものだが、近年の歴史は、アフリカの場合と同様、銀行や開発機関が同じことをやっている事実を示している。公的機関からの信用取引の供与を女性が受けられないことは、近年の文献では常に嘆かれてきた。[188] 問題は銀行が借り手に対して非常に多くの理不尽な条件を付け、債務不履行率の高さを理由に借り手の厳しい経歴調査を行ない、過大な担保の提出を要求することにある。西インド諸島では、地域によっては債務不履行率が五〇パーセントないしそれ以上にも及ぶところがある。[189] ある研究によれば、女性が「銀行および公的機関」から契約によって借り出した融資は全体のわずか四パーセント（三四九件中一四件）だというが、この割合は驚くに当たらない。[190]

そうした状況とあって、弱者の集団はいきおい独自の私的な信用取引組合を組織する傾向になる。[191] 確かに、西インド諸島にはこうした「非公式な貯蓄組織」や「互助的な」私的信用取引組合がかなりある。最近の研究によれば、バルバドス島で調査した女性のうち一九・六パーセントが非公式な貯蓄組織で金を貯めていることがわかった。[192] しかし、こうした組織が融資できる金はあまり多額ではない。[193] しかも、そうした組織は開発専門家や植民地以降の国家建設者にはめったに尊重されず、育成または奨励されることもなく、重要だと考えられることさえなかった。[194] そのような少額の金が手に入ることは強みになった。ある調査の結果によれば、女性商人は少額ながらそうした信用貸しの機会を自分たちの身分にふさわしいとか、自然なものだと見るようになったことを示している。これはまた、明らかに古典的な事業家的技量を持ち合わせた女性たちが同時に非事業家的考え方に支配されていく、という印象を開発専門家に与えもしたのである。[195]

したがって、開発専門家は西アフリカと同じ状況に直面しているのである。行商、呼び売り、無蓋市場や路上での食料品の商売などは原始的に見える。商人の考え方は、危険を冒しても店舗の現代化を考える人々の思想とは逆に見える。そうした活動とイデオロギーを育てることは、一見後進性の継続を促しているかのようだ。そうした「原始的な」交換方式に基づく経済の代弁者になることは、商人と国籍を共有する開発専門家や政治的イデオロギー提唱者にとって当惑ものでもある。エルジー・ル・フランクの言葉によれば、多くの開発専門家は「いわゆる遅れた大勢の伝統主義的な小規模商人にはほとんど期待をもっていない(196)」。

したがって、西インド諸島の女性は、国家に後押しされる大型商社や工場との競争では、信用貸しの恩恵にあずかれない点で不利な立場にあるばかりか、田園地帯においても、急速な商業化の圧力のもとで生き残る可能性のある組合は男性主導であって大きく、きわめて形式的とあって、やはり女性の行商人や呼び売り商人や取引業者が太刀打ちできるものではない(197)。したがって西インド諸島のフェミニストは、政府や個人に銀行貸付手続きの簡易化を含め、女性に対する信用貸しの供与を要求している(198)。これまでのところこの要求はあまり達成されるにいたってはいない。

以上および本章で詳述されたその他の理由によって、キャスリーン・シュタウトがアフリカについて述べたこと、つまり帝国主義の夢が実現したこうした経済部門と地域における植民地主義と植民地主義以降にもたらされた変化は概して「女性に不利」で、「不当に多くの資源を男性に分配した」とする考え方を西インド諸島に当てはめるのは行き過ぎではない(199)。「要するに」、とロウレル・ボッセンは十九世紀末から二十世紀初頭にかけての西インド諸島住民のそれのような近代化しつつある社会における市場と信用取引に関する証拠や、一九三〇年代の田舎のナヴァホ族や、一九六〇年代の高地グァテマラ・インディアンを引き合いに出しながら書いている。「女性は現代的部門においては開発の一環として生産的役割から排除され、伝統的な生産的役割からも消えていった[200]」。別の文脈では、「経済開発の社会的経費」は厖大で、えてして女性の地位に嘆かわしいほど否定的な影響を及ぼすことが示されている。奇妙なことに、こうした結論を導いたこの研究の著者は植民地時代または植民地時代以降のアフリカやアジア、ないしは西インド諸島を取り上げず、アメリカ合衆国のエネルギー開発に沸く新興都市の女性の生活状態を論じている[201]。

結論

続く懸念

本研究の過程で発見したように、産業革命以前の信用貸付の形式とネットワークは女性に生死に関わる重要な場を提供するのが通常だった。これはヨーロッパに当てはまるが、植民地時代以前のアフリカにはどの程度当てはまるかはっきりしたことは言えない。しかし、植民地時代および植民地時代以降のアフリカや、西インド諸島については大いに当てはまる。女性が債権者として果たした最も持続的かつ成功した機能は消費市場、わけても貧救者救済貸付の世界で（そこでは女性同士のネットワークはとりわけ強かった）、彼女らはまた生産向け貸付においても重要な役割を果たした。女子修道院が女性の寄付や投資に依存するところが大きく、近代ヨーロッパの都市や国の政府が安定した年金を求めた女性投資家、とりわけ寡婦から莫大な資金を集めたことはすでに見たとおりである。我々はまた、「投資ポートフォリオ」の危険をなるべく少なくしたかった女性にとっては、不動産が魅力的な投資対象だったことも見たとおりである。

植民地社会では、女性が信用貸付に手を出す際の要因はさまざまある。彼女らは地域商売の仲買人であって、供給者とのあいだに被保護者関係を確立し、女性の公的活動を厳しく制限する文化統制のもとでも夫や他の女性たちに生産・消費両面の「隠れた信用貸付」を行なっていた。商業化と都市化によって彼女らの力は大いに失われた。ここで我々は、女性が政府を除いて都市の企業、または危険を伴う商業活動にはめったに多額の投資をしなかったように思われる近代以前のヨーロッパと対比することができよう。（少数のイタリアの町またはイギリスの造船業界における）例外は興味深いが、こうした例外的な女性による投資の量は彼女らの伝統的な田園地帯の企業や抵当権への投資に比べれば物の数ではなかった。

恐らくこの対比は、植民地市場に原住民女性が積極的に関わること、すなわち彼女らの関与が単なる食料品の小売り以上に及ぶことにヨーロッパ人が感じた強い偏見を説明するのに役立つだろう。ヨーロッパ人商人、植民地銀行家、それに植民地以降の開発専門家らがこうした女性たちに信用貸付を提供することをほぼ絶対的に拒否したことは、彼女らの地位を言葉の十全な意味で家庭的商人のそれに引き下げる効果をもっていたのである。この点でも例外はあったものの稀で、経済発達という大きな観点からすれば取るに足らない。これは、多くの開発専門家が今日では認めるにちがいないが、特にアフリカの場合には女性企業の育成が経済の相当な向上をもたらし、貧困化の速度を緩めるのに役立っただろうと考えられる点で不幸なことだった。

家庭消費向けの信用貸し——与え手および受け手として著しい役割を果たす女性、高い（年間）利子による小口の短期融資、対面取引、債務不履行における柔軟性、質入れ、非公式信用組合——等々は第三世界の社会、先進国の移民社会、高度産業化社会と大規模産業支配後の社会における経済生活のえてして不法移民や少数民族の住まう周辺部に生き残っている。[1] 全ての厳しい経済危機がこうした形式や型に新たな命を与える。実際、それらが全く消えてしまう可能性はない。

例えば都会に住む現代のメキシコ人女性やチカーナ〔メキシコ系アメリカ人女性〕は、世界中の、最近植民地から解放された地域の女性と全く同じように信用貸し相互共済組合を作っている。これらの信用貸し共済組合は期待されるあらゆる支援を行なうばかりでなく友好性ももっている。カルロス・ヴェレジバネスは、そうした共済組合の研究のなかで、「Chula Vista〔彼が研究している地域〕の労働者階級の女性のあいだでは、見えを張る女は除外された。そうした女は分担金を期限どおりに払わない、と思われるからである」と述べている。ヴェレジバネスによれば、「このような考え方の論理的根拠は、物質的な持ち物を自慢する者は、娯しみで働いているのであって必要に迫られているのではない、と主張しがちである。そのような主張は偽りで、経済問題や社会的・経済的義務を果たす資産を欠いている事実を隠蔽するのが目的だと見なされるのである[2]」。

階級もまたこうした共済組合を損なう要素である。ブルジョワ階級への憧れを抱きながらも、憧れを現実に変えることのできる金を銀行から引き出すだけの担保物件をもたない女性は共済組合が必要になる。しかし、彼女らはある程度の世間体も考えねばならない。少なくともこうした女性の意識にある世間体は、共済組合が非識字者だったり無教育だったりする田舎者または労働者階級の女性にも利用可能であれば傷つくしだいのものだ。共済組合から除外された者は怒りを覚え、加入者の絆はそれだけいっそう強くなる。けれども、緊密な絆で結ばれた集団にも「信頼感を壊すような不慮の行為がしばしば発生するので[3]」、私的な対面信用貸しの世界には揉めごとが多い。

もう一つの事例はマンチェスターのイギリス人労働者階級居住区域内のパキスタン人移民社会のもの

である。筆者が言及している地域社会の研究者であるニーナ・ウェブナーは、マンチェスターに住むパキスタン人女性が南アジア一帯のそれに似た輪番制信用貸し組合を作り上げた経緯について述べている。目的は交換用の贈物を買ったり、慶弔時の不時の出費に備えて資金を蓄積することにあった。ヴェールで顔を覆う生活を送り、公的人格は全くないに等しかった彼女らとしては感動的な社会活動と言うべきものである。彼女らは夫、子供、女性の親類縁者や友人に囲まれ、外国人が多数を占める世界によって作り出された圧力のもとで、一つの地域社会を維持するために一緒に働いていたらしい(4)。しかし、その外国人が多数を占めていることがこの地域社会の男性に社会的・経済的進歩を遂げる手段を与え、彼らのなかには富を蓄積した者もいた。階級差別が急速に起こって、それが女性の関係に影響を与えた。恐らくメキシコの自惚れ屋の女性の例に見られるのと似たような女性間の緊張は常に存在したにちがいないが、こうした緊張は新たな階級意識によっていやがうえにも高まった。結局、ウェブナーは、マンチェスターの地域社会では、「女性は女性として一定の窮境を分かち合っているかもしれないが(5)、彼女らが階級の境界線を越えて連帯集団を作ることはめったになかった」と結論づけるに留まっている。

移民社会や、低開発地域を通じて、家庭向け信用貸しに関していわゆる近代以前の信用貸付の取り決めや態度が持続したことは驚くに当たらない。問題の中心はそれが消えるかどうかでさえない。なぜならそれは前にも述べたようにきわめてありそうにないことだからである。問題の中心は、工業化社会や脱工業化社会においてそれらがいかに取るに足らない、末端的、ないしは末梢的なものになるかである。生産向け信用貸付がその前工業社会や近代以前の性格のほとんど全ての痕跡を失った西ヨーロッパ社会において、恐らくそうした事態はすでに起こっている。この主張を公表すればいくぶん問題があるように見えるかもしれない。女性に対する女性の投資ネットワークや、いわゆる女性の事業への資金調達を目的とした銀行や基金は公の報道機関によって折りにふれて宣伝されてきたが、それらは投資に大きな役割を果たしてはいない(6)。高齢者、同性愛者、障害者、または少数民族に所属する人々など、特別な利益集団のための取り決めや陳情運動のように、こうしたネットワークや銀行には重要な象徴的価値がある。それらは大衆の目からすれば差別や富の不平等な分配といった問題を温存することで政治討議において有益な機能を果たしている。しかし、経済に及ぼすそれの影響はきわめて小さいのである。

消費向け信用貸付市場はさらに複雑である。工業化社会の黎明期には、我々が近代以前の生活と結びつけて考えるような信用貸付ネットワークは大都市においても活発で健全だった。例えば十九世紀末から二十世紀初頭のロンドンの労働者階級の居住区域では、プロの質屋にはユダヤ人あり、キリスト教徒あり、男もいれば女もいるという具合にさまざまな人々がいた。彼らのほとんどは中世のように短期貸付を行なっており(7)、質草をもって金を借りに行くのはもっぱら女性の仕事だった(8)。質草は生産物が変化するにつれていくらか変わっていったが、それはなお時計、寝具、衣類といった具合に、女性の「管理下」にあるものだった。エレン・ロスは、質草として使えるものならば夫のものでも入質した、と主張している(9)。これはしばしば夫婦間の争いの種になった。祝祭日に身に付ける家宝の時計や、よそ行きの服や、休日に人に会うために履く靴、といった具合に、夫が大事にしているものを持ち出すには策を弄する必要があったことを示す証拠はふんだんにある(10)。

中世においてもそうだったように、家庭の物品を入質するのは家庭内の諍いの種だったことは言うまでもないが、持っていった先でも貸し手と借り手のあいだで丁々発止の交渉が行なわれた。中流意識をもつ労働者階級の夫、または質屋通いをするはめになった見苦しさに隔世遺伝的な態度をとり続ける夫は、質屋の網に引っ掛かったことをいまいましく思ったかもしれない。ロンドンの質屋は彼らが金を用立てる社会の外ではあまり評判が良くなかったし、二十世紀末の人々が郷愁とともに思い出す、ということがあるにしても、彼ら自身の社会のなかでも他の模範とするに足る人種ではなかったのである。(11) 彼らは「猫背で震えるかぎ爪じみた指をして頭をぐらぐらゆする」ドストエフスキーの『罪と罰』に登場する魔法使いの質屋のように考えられていたわけではない。(12) また、夫は感情的な投資の対象である自分の持ち物をなにがしかの金に換えるために妻が通う質屋を堕落の権化とばかり敵視していたわけではかならずしもない。しかし妻が夫のためではなく、自分の快楽のためにそれをやれば話は違ってくる。典型的な例は金の結婚指輪を質に入れて安っぽい模造品を買い、差額を酒に換えたりミュージックホールで使ったりするケースである。(13) 一八六〇年代の終わりにロンドンで大きな質屋が全焼したとき、妻への暴力ざたが急増したと言われる。(14) 火災による焼失に保険が掛けられていなかったために、女たちは入質を言い逃れることができなかったのである。「俺の時計はどこにあるんだ」と夫に訊かれたとき、妻は十代の娘に耳打ちして敷布をもたせて質屋へ走らせ、時計を請け出させることができなかった。二十世紀初めや大恐慌時代の質屋の元常連を最近インタビューしたところ、スーツを質入れしたとわかって「妻を殴った」覚えがあるというデータが登場している。(15)

夫の反応がどうであれ、ロンドンの労働者階級の家計を預かる主婦の活動としては、質屋通いが日常茶飯事であることに間違いはなく、彼女らは借り出す金の交渉が巧みになった。「盗品を質入れする窃盗団は質屋相手の交渉力を買って決まって女を雇った」[16]。博愛主義的な貴夫人は、中世の神学者ならば熱心に支持したと思われる質屋業についての考え方に賛同して労働者階級の家庭を不意に訪れ、果たして彼らが慈善に価するほど貧しいかどうかを確かめた。すると彼らはこのとおり金貸しに苦しめられていますとばかり、貧しさを証明するために質札を並べて見せる。けれども、質札はこの世界では金の代わりとあって、中産階級の女性のなかには騙される者もいるかもしれないけれども、質札がたくさんあるということは決して貧しさの確かな証拠にはならない。それどころか、逆の場合にもなりうるのである。夫の時計を質に入れた貧しい女は暮らし向きのいい隣の女性に食べ物なり金なりを恵んでもらう必要があるかもしれない。その際彼女は支払いまたは担保に代えて一定の期日までに償還可能な質札を相手に渡す。「貸されたにしろ、盗まれたにしろ、正当に入手したにしろ、質札は女性集団のなかで複雑なパターンで譲渡され、交換されることを裁判事件が示している」とロスは書いている[17]。

「裁判事件」が質札のこうした利用法を示している、という言葉でこの取引の問題性は明らかである。食料と引き換えに質札を渡す女性は必要に迫られて無条件で渡すのだろうが、少なくとも債権者が質札を買い戻すか処分したくなれば買い戻しの第一権利をもつことを期待する。貧困者の世界では、質札の「市場価値」は中産階級や労働貴族相手の品物やサービスの市場価格に比べて低いとはいえ、盗みを誘発するのに十分なほど高い。ロスは警察裁判所に寄せられた質札の「紛失」や盗難件数、盗まれた品物が質に入れられて質札が更なる儲けを目的に売られた件数、ならびにその後有罪とされた窃盗犯の刑期などを整理している[18]。

著しい貧困のため人々に食料その他の必需品を買う金がないような地域には、こうした前近代的な信用貸し世界のモデルが生き残るだろう。このパラメーターは小規模事業や質屋に関する立法措置や規制しだいでいくぶん変わるかもしれない。その一方で、最近の歴史では最低生活水準または家庭生活レベルのちょっと上の非公式な信用貸しがクレジットカードによって失われたか、ほとんど失われている。以前は金策に金貸しのもとに出かけるか、それに備えて貯金をした結婚式や誕生祝いの贈物のための支出、あるいは場合によっては飲食代の支出、などが今では強力な金融機関の発行するクレジットカードで行なわれる。近代以前の社会の研究者にとってこの種の信用貸しの異常さは言及に価する。確かに利息は過去の金貸しや質屋に比べて低い。しかし、違いは過去の消費向け融資の返済期間が非常に短かったことだ。現代アメリカの消費者向けクレジットカードはきわめて長期にわたって一七パーセントから二二パーセントの利子を徴収するので、実際の返済利息は近代以前の時代の消費者向け融資のそれをはるかに上回るのである。[19]

確かに、消費者向けのクレジットカードが全ての人に使えるわけではない。[20] 年齢、収入、さらに瘰なことには人種や未婚・既婚の違いによって明らかに（かつ企業防衛的に）差別が存在する。時には、この点で女性は社会や経済のほかの面と同様に差別を受ける、と言われることもある。差別は立法措置と周到な規制によって緩和することができるかもしれないが、これは議論のあるところだ（もっとも、ここではそれについては論じない）。さまざまな警告があるにもかかわらず十分に明らかだと思われることは、この新しいタイプの消費者クレジットが旧来の対面信用貸しを厳しい危機に陥れ、その勢力範囲が最も貧困な層にまで及んでいることである。したがってこの国には新しい形式のクレジットカードが使えない貧困者と、使えるやや上の層から裕福な階層までを分かつ深い亀裂がある。一方の側には怒りと恨みがあり、もう一方には亀裂の認識からくる蔑みの感情があるが、それは過去における信用貸しとその拒否に特有の緊張に比べて社会的関係への影響力において決して扱いやすいものではない。夫がアメリカに移住した西インド諸島の女性や、アメリカの大都市の中心部で子供の父親に捨てられたシングルマザー、内乱状態がやみそうもないアフリカの戦争未亡人らきわめて多くの女性たち、繰り返して言うがきわめて多くのこうした女性たちが亀裂の貧困者の側にいるということは、彼女らと子供たちの両者にとって同情と懸念の原因である。[21] 女性と信用貸しという気懸りで複雑な物語はこの先も続くのである。

訳者あとがき

本書は、以下の全訳である。

William Chester Jordan: *Women and Credit in Pre-Industrial and Developing Societies*（University of Pennsylvania Press, 1993）

労働力において女性が積極的な役割を果たしたのは、近年または前世紀以来に限ったことではない。ウィリアム・チェスター・ジョーダンが本書のなかで十分に実証しているように、女性は近代以前の時代に労働源としても、金の貸し借りの当事者としても、男性の補完的役割に留まらぬ活躍をしていた。

この広範にわたる刺激的な研究において、著者は中世および近世早期のヨーロッパ、ならびに植民地時代と、植民地以降のさまざまな社会で、女性の果たした役割の総合的な評価を行なっている。彼以前の研究が農業や手工芸における女性の役割に主眼を置いているのに対して、ジョーダンの研究は中世ヨーロッパにおける女性の消費向け貸借、近代早期の女性の投資活動、そして最終章では、アフリカや西インド諸島の市場における女性の活躍と信用取引の研究にまで及んでいる。

著者ジョーダンは歴史的状況を考察することによって商業化、田園社会の変貌、ならびに工業化に関する現代の関心事に光を照射し、二十世紀の女性労働者を悩ませてきた諸問題の依って来るところを明らかにする。信用取引関係のような伝統的生活の重要な側面に果たした性の役割を理解することで、ジョーダンはこの問題一般の再検討を推し進める。本著作は中世と近世早期のヨーロッパ、アフリカ、西インド諸島の歴史は言うに及ばず、人類学や女性問題の研究者にとっても興味が尽きないであろう。

著者William Chester Jordanは、現在プリンストン大学の歴史学教授で、本書の他に次の著作がある。

The French Monarchy and the Jews: From Philip Augustus to the Last Capetians（University of Pennsylvania Press, 1989）

From Servitude to Freedom: Manumission in the Sénonais in the Thirteenth Century（University of Pennsylvania Press, 1986）

末尾になったが、秋田公士氏には上梓に至るまで一方ならぬお世話になった。記して感謝の意を表したい。

二〇〇三年四月

工藤　政司

りぶらりあ選書

サウジアラビア王朝史	J.B.フィルビー／岩永, 冨塚訳	¥5700
愛の探究〈生の意味の創造〉	I.シンガー／工藤政司訳	¥2200
自由意志について〈全体論的な観点から〉	M.ホワイト／橋本昌夫訳	¥2000
政治の病理学	C.J.フリードリヒ／宇治琢美訳	¥3300
書くことがすべてだった	A.ケイジン／石塚浩司訳	¥2000
宗教の共生	J.コスタ=ラスクー／林瑞枝訳	¥1800
数の人類学	T.クランプ／髙島直昭訳	¥3300
ヨーロッパのサロン	ハイデン=リンシュ／石丸昭二訳	¥3000
エルサレム〈鏡の都市〉	A.エロン／村田靖子訳	¥4200
メソポタミア〈文字・理性・神々〉	J.ボテロ／松島英子訳	¥4700
メフメト二世〈トルコの征服王〉	A.クロー／岩永, 井上, 佐藤, 新川訳	¥3900
遍歴のアラビア〈ベドウィン揺籃の地を訪ねて〉	A.ブラント／田隅恒生訳	¥3900
シェイクスピアは誰だったか	R.F.ウェイレン／磯山, 坂口, 大島訳	¥2700
戦争の機械	D.ピック／小澤正人訳	¥4700
住む　まどろむ　嘘をつく	B.シュトラウス／日中鎮朗訳	¥2600
精神分析の方法 I	W.R.ビオン／福本修訳	¥3500
考える／分類する	G.ペレック／阪上脩訳	¥1800
バビロンとバイブル	J.ボテロ／松島英子訳	¥3000
初期アルファベットの歴史	J.ナヴェー／津村, 竹内, 稲垣訳	¥3500
数学史のなかの女性たち	L.M.オーセン／吉村, 牛島訳	¥1700
解決志向の言語学	S.ド・シェイザー／長谷川啓三監訳	¥4500
精神分析の方法 II	W.R.ビオン／福本修訳	¥4000
バベルの神話〈芸術と文化政策〉	C.モラール／諸田, 阪上, 白井訳	¥4000
最古の宗教〈古代メソポタミア〉	J.ボテロ／松島英子訳	¥4500
心理学の7人の開拓者	R.フラー編／大島, 吉川訳	¥2700
飢えたる魂	L.R.カス／工藤, 小澤訳	¥3900
トラブルメーカーズ	A.J.P.テイラー／真壁広道訳	¥3200
エッセイとは何か	P.グロード, J.-F.ルエット／下澤和義訳	¥3300
母と娘の精神分析	C.オリヴィエ／大谷, 柏訳	¥2200

（表示価格は本書刊行時のものです．表示価格は，重版に際して変わる場合もありますのでご了承願います．なお表示価格に消費税は含まれておりません．）

十九世紀パリの売春	パラン=デュシャトレ／A.コルバン編 小杉隆芳訳	¥2500
変化の原理〈問題の形成と解決〉	P.ワツラウィック他／長谷川啓三訳	¥2200
デザイン論〈ミッシャ・ブラックの世界〉	A.ブレイク編／中山修一訳	¥2900
時間の文化史〈時間と空間の文化／上巻〉	S.カーン／浅野敏夫訳	¥2300
空間の文化史〈時間と空間の文化／下巻〉	S.カーン／浅野, 久郷訳	¥3400
小独裁者たち〈両大戦間期の東欧における民主主義体制の崩壊〉	A.ポロンスキ／羽場久浘子監訳	¥2900
狼狽する資本主義	A.コッタ／斉藤日出治訳	¥1400
バベルの塔〈ドイツ民主共和国の思い出〉	H.マイヤー／宇京早苗訳	¥2700
音楽祭の社会史〈ザルツブルク・フェスティヴァル〉	S.ギャラップ／城戸朋子, 小木曾俊夫訳	¥3800
時間 その性質	G.J.ウィットロウ／柳瀬睦男, 熊倉功二訳	¥1900
差異の文化のために	L.イリガライ／浜名優美訳	¥1600
よいは悪い	P.ワツラウィック／佐藤愛監修, 小岡礼子訳	¥1600
チャーチル	R.ペイン／佐藤亮一訳	¥2900
シュミットとシュトラウス	H.マイアー／栗原, 滝口訳	¥2000
結社の時代〈19世紀アメリカの秘密儀礼〉	M.C.カーンズ／野﨑嘉信訳	¥3800
数奇なる奴隷の半生	F.ダグラス／岡田誠一訳	¥1900
チャーティストたちの肖像	G.D.H.コール／古賀, 岡本, 増島訳	¥5800
カンザス・シティ・ジャズ〈ビバップの由来〉	R.ラッセル／湯川新訳	¥4700
台所の文化史	M.ハリスン／小林祐子訳	¥2900
コペルニクスも変えなかったこと	H.ラボリ／川中子, 並木訳	¥2000
祖父チャーチルと私〈若き冒険の日々〉	W.S.チャーチル／佐藤佐智子訳	¥3800
有閑階級の女性たち	B.G.スミス／井上, 飯泉訳	¥3500
秘境アラビア探検史（上・下）	R.H.キールナン／岩永博訳	上¥2800 下¥2900
動物への配慮	J.ターナー／斎藤九一訳	¥2900
年齢意識の社会学	H.P.チュダコフ／工藤, 藤田訳	¥3400
観光のまなざし	J.アーリ／加太宏邦訳	¥3200
同性愛の百年間〈ギリシア的愛について〉	D.M.ハルプリン／石塚浩司訳	¥3800
古代エジプトの遊びとスポーツ	W.デッカー／津山拓也訳	¥2700
エイジズム〈優遇と偏見・差別〉	E.B.パルモア／奥山, 秋葉, 片多, 松村訳	¥3200
人生の意味〈価値の創造〉	I.シンガー／工藤政司訳	¥1700
愛の知恵	A.フィンケルクロート／磯本, 中嶋訳	¥1800
魔女・産婆・看護婦	B.エーレンライク, 他／長瀬久子訳	¥2200
子どもの描画心理学	G.V.トーマス, A.M.J.シルク／中川作一監訳	¥2400
中国との再会〈1954—1994年の経験〉	H.マイヤー／青木隆嘉訳	¥1500
初期のジャズ〈その根源と音楽的発展〉	G.シューラー／湯川新訳	¥5800
歴史を変えた病	F.F.カートライト／倉俣, 小林訳	¥2900
オリエント漂泊〈ヘスター・スタノップの生涯〉	J.ハズリップ／田隅恒生訳	¥3800
明治日本とイギリス	O.チェックランド／杉山・玉置訳	¥4300
母の刻印〈イオカステーの子供たち〉	C.オリヴィエ／大谷尚文訳	¥2700
ホモセクシュアルとは	L.ベルサーニ／船倉正憲訳	¥2300
自己意識とイロニー	M.ヴァルザー／洲崎惠三訳	¥2800
アルコール中毒の歴史	J.-C.スールニア／本多文彦監訳	¥3800
音楽と病	J.オシエー／菅野弘久訳	¥3400
中世のカリスマたち	N.F.キャンター／藤田永祐訳	¥2900
幻想の起源	J.ラプランシュ, J.-B.ポンタリス／福本修訳	¥1300
人種差別	A.メンミ／菊地, 白井訳	¥2300
ヴァイキング・サガ	R.プェルトナー／木村寿夫訳	¥3300
肉体の文化史〈体構造と宿命〉	S.カーン／喜多迅鷹・喜多元子訳	¥2900

スミス，マルクスおよび現代	R.L.ミーク／時永淑訳	¥3500
愛と真実〈現象学的精神療法への道〉	P.ローマス／鈴木二郎訳	¥1600
弁証法的唯物論と医学	ゲ・ツァレゴロドツェフ／木下，仲本訳	¥3800
イラン〈独裁と経済発展〉	F.ハリデー／岩永，菊地，伏見訳	¥2800
競争と集中〈経済・環境・科学〉	T.プラーガー／島田稔夫訳	¥2500
抽象芸術と不条理文学	L.コフラー／石井扶桑雄訳	¥2400
プルードンの社会学	P.アンサール／斉藤悦則訳	¥2500
ウィトゲンシュタイン	A.ケニー／野本和幸訳	¥3200
ヘーゲルとプロイセン国家	R.ホッチェヴァール／寿福真美訳	¥2500
労働の社会心理	M.アージル／白水，奥山訳	¥1900
マルクスのマルクス主義	J.ルイス／玉井，渡辺，堀場訳	¥2900
人間の復権をもとめて	M.デュフレンヌ／山縣熙訳	¥2800
映画の言語	R.ホイッタカー／池田，横川訳	¥1600
食料獲得の技術誌	W.H.オズワルド／加藤，禿訳	¥2500
モーツァルトとフリーメーソン	K.トムソン／湯川，田口訳	¥3000
音楽と中産階級〈演奏会の社会史〉	W.ウェーバー／城戸朋子訳	¥3300
書物の哲学	P.クローデル／三嶋睦子訳	¥1600
ベルリンのヘーゲル	J.ドント／花田圭介監訳，杉山吉弘訳	¥2900
福祉国家への歩み	M.ブルース／秋田成就訳	¥4800
ロボット症人間	L.ヤブロンスキー／北川，樋口訳	¥1800
合理的思考のすすめ	P.T.ギーチ／西勝忠男訳	¥2000
カフカ=コロキウム	C.ダヴィッド編／円子修平，他訳	¥2500
図形と文化	D.ペドウ／磯田浩訳	¥2800
映画と現実	R.アーメス／瓜生忠夫，他訳／清水晶監修	¥3000
資本論と現代資本主義（I・II）	A.カトラー，他／岡崎，塩谷，時永訳	I 品切 II ¥3500
資本論体系成立史	W.シュヴァルツ／時永，大山訳	¥4500
ソ連の本質〈全体主義的複合体と新たな帝国〉	E.モラン／田中正人訳	¥2400
ブレヒトの思い出	ベンヤミン他／中村，神崎，越部，大島訳	¥2800
ジラールと悪の問題	ドゥギー，デュピュイ編／古田，秋枝，小池訳	¥3800
ジェノサイド〈20世紀におけるその現実〉	L.クーパー／高尾利数訳	¥2900
シングル・レンズ〈単式顕微鏡の歴史〉	B.J.フォード／伊藤智夫訳	¥2400
希望の心理学〈そのパラドキシカルアプローチ〉	P.ワツラウィック／長谷川啓三訳	¥1600
フロイト	R.ジャカール／福本修訳	¥1400
社会学思想の系譜	J.H.アブラハム／安江，小林，樋口訳	¥2000
生物学における ランダムウォーク	H.C.バーグ／寺本，佐藤訳	¥1600
フランス文学とスポーツ〈1870～1970〉	P.シャールトン／三好郁朗訳	¥2800
アイロニーの効用〈『資本論』の文学的構造〉	R.P.ウルフ／竹田茂夫訳	¥1600
社会の労働者階級の状態	J.バートン／真実一男訳	¥2000
資本論を理解する〈マルクスの経済理論〉	D.K.フォーリー／竹田，原訳	¥2800
買い物の社会史	M.ハリスン／工藤政司訳	¥2000
中世社会の構造	C.ブルック／松田隆美訳	¥1800
ジャズ〈熱い混血の音楽〉	W.サージェント／湯川新訳	¥2800
地球の誕生	D.E.フィッシャー／中島竜三訳	¥2900
トプカプ宮殿の光と影	N.M.ペンザー／岩永博訳	¥3800
テレビ視聴の構造〈多メディア時代の「受け手」像〉	P.バーワイズ他／田中，伊藤，小林訳	¥3300
夫婦関係の精神分析	J.ヴィリィ／中野，奥村訳	¥3300
夫婦関係の治療	J.ヴィリィ／奥村満佐子訳	¥4000
ラディカル・ユートピア〈価値をめぐる議論の思想と方法〉	A.ヘラー／小箕俊介訳	¥2400

魔女と魔女裁判〈集団妄想の歴史〉	K.バッシュビッツ／川端, 坂井訳	¥3800
科学論〈その哲学的諸問題〉	カール・マルクス大学哲学研究集団／岩崎允胤訳	¥2500
先史時代の社会	クラーク, ピゴット／田辺, 梅原訳	¥1500
人類の起原	レシェトフ／金光不二夫訳	¥3000
非政治的人間の政治論	H.リード／増野, 山内訳	¥ 850
マルクス主義と民主主義の伝統	A.ランディー／藤野渉訳	¥1200
労働の歴史〈棍棒からオートメーションへ〉	J.クチンスキー, 良知, 小川共著	¥1900
ヒュマニズムと芸術の哲学	T.E.ヒューム／長谷川鉱平訳	¥2200
人類社会の形成（上・下）	セミョーノフ／中島, 中村, 井上訳	上 品 切 下 ¥2800
倫理学	G.E.ムーア／深谷昭三訳	¥2200
国家・経済・文学〈マルクス主義の原理と新しい論点〉	J.クチンスキー／宇佐美誠次郎訳	¥ 850
ホワイトヘッド教育論	久保田信之訳	¥1800
現代世界と精神〈ヴァレリィの文明批評〉	P.ルーラン／江口幹訳	¥980
葛藤としての病〈精神身体医学的考察〉	A.ミッチャーリヒ／中野, 白滝訳	¥1500
心身症〈葛藤としての病2〉	A.ミッチャーリヒ／中野, 大西, 奥村訳	¥1500
資本論成立史（全4分冊）	R.ロスドルスキー／時永, 平林, 安田他訳	(1)¥1200 (2)¥1200 (3)¥1200 (4)¥1400
アメリカ神話への挑戦（I・II）	T.クリストフェル他編／宇野, 玉野井他訳	I ¥1600 II ¥1800
ユダヤ人と資本主義	A.レオン／波田節夫訳	¥2800
スペイン精神史序説	M.ピダル／佐々木孝訳	¥2200
マルクスの生涯と思想	J.ルイス／玉井, 堀場, 松井訳	¥2000
美学入門	E.スリヨ／古田, 池部訳	¥1800
デーモン考	R.M.=シュテルンベルク／木戸三良訳	¥1800
政治的人間〈人間の政治学への序論〉	E.モラン／古田幸男訳	¥1200
戦争論〈われわれの内にひそむ女神ベローナ〉	R.カイヨワ／秋枝茂夫訳	¥3000
新しい芸術精神〈空間と光と時間の力学〉	N.シェフェール／渡辺淳訳	¥1200
カリフォルニア日記〈ひとつの文化革命〉	E.モラン／林瑞枝訳	¥2400
論理学の哲学	H.パットナム／米盛, 藤川訳	¥1300
労働運動の理論	S.パールマン／松井七郎訳	¥2400
哲学の中心問題	A.J.エイヤー／竹尾治一郎訳	¥3500
共産党宣言小史	H.J.ラスキ／山村喬訳	¥980
自己批評〈スターリニズムと知識人〉	E.モラン／宇波彰訳	¥2000
スター	E.モラン／渡辺, 山崎訳	¥1800
革命と哲学〈フランス革命とフィヒテの本源的哲学〉	M.ブール／藤野, 小栗, 福吉訳	¥1300
フランス革命の哲学	B.グレトゥイゼン／井上尭裕訳	¥2400
意志と偶然〈ドリエージュとの対話〉	P.ブーレーズ／店村新次訳	¥2500
現代哲学の主潮流（全5分冊）	W.シュテークミュラー／中埜, 竹尾監修	(1)¥4300 (2)¥4200 (3)¥6000 (4)¥3300 (5)¥7300
現代アラビア〈石油王国とその周辺〉	F.ハリデー／岩永, 菊地, 伏見訳	¥2800
マックス・ウェーバーの社会科学論	W.G.ランシマン／湯川新訳	¥1600
フロイトの美学〈芸術と精神分析〉	J.J.スペクター／秋山, 小山, 西川訳	¥2400
サラリーマン〈ワイマル共和国の黄昏〉	S.クラカウアー／神崎巌訳	¥1700
攻撃する人間	A.ミッチャーリヒ／竹内豊治訳	¥ 900
宗教と宗教批判	L.セーヴ他／大津, 石田訳	¥2500
キリスト教の悲惨	J.カール／高尾利数訳	¥1600
時代精神（I・II）	E.モラン／宇波彰訳	I 品 切 II ¥2500
囚人組合の出現	M.フィッツジェラルド／長谷川健三郎訳	¥2000

著　者

ウィリアム・チェスター・ジョーダン
(William Chester Jordan)

アメリカの歴史学者．現在プリンストン大学の歴史学教授を務める．本書のほかに，*The French Monarchy and the Jews: From Philip Augustus to the Last Capetians* (University of Pennsylvania Press, 1989), *From Servitude to Freedom: Manumission in the Sénonais in the Thirteenth Century* (University of Pennsylvania Press, 1986) 等の著書がある．

訳　者

工藤政司（くどう　まさし）

1931年生．弘前大学文理学部卒業．東京国際大学教授等を歴任．訳書に，カス『飢えたる魂』(共訳)，アルヴァレズ『夜』，スタイナー『真の存在』，シンガー『愛の探究』『人生の意味』，ハリスン『買い物の社会史』，チュダコフ『年齢意識の社会学』(共訳)，ヒューストン『白い夜明け』(以上，法政大学出版局)，オースティン『エマ・上下』，グレーヴズ『さらば古きものよ・上下』(以上，岩波文庫)，スタイナー『G. スタイナー自伝』(みすず書房)，ネルキン／リンディー『DNA伝説』(紀伊國屋書店)，ディーネセン『不滅の物語』，フラー『巡礼たちが消えていく』(以上，国書刊行会)，ショー『乱れた大気』(マガジンハウス)，同『ローマは光の中に』(講談社文庫)，その他がある．

りぶらりあ選書
女性と信用取引
2003年6月30日　初版第1刷　発行

著　者　ウィリアム・チェスター・ジョーダン
訳　者　工藤政司
発行所　財団法人 法政大学出版局
〒102-0073 東京都千代田区九段北3-2-7
Tel.03(5214)5540／振替00160-6-95814
製版，印刷　平文社
鈴木製本所

ISBN4-588-02215-6
Printed in Japan

索　引

ア　行

カ　行

サ　行

タ　行

ナ　行

ハ　行

マ　行

ヤ　行

ラ　行

原 注

序 文

1) 本書の大半は私がプリンストン大学から休暇を貰い，1989年から1990年にかけてフィラデルフィアにあるユダヤおよび近東研究のためのアネンバーグ研究所の特別研究員だったあいだに完成した．元研究所長のバーナード・ルイス教授，ならびに同僚の特別研究員諸氏，博学で協力を惜しまなかったスタッフ，わけてもヴェラ・モーリーン博士には研究所の在職期間を刺戟的なばかりか，全く楽しい経験にしていただいたことを感謝したい．また，同僚のロバート・ティニョールにも感謝したい．本書のいくつかの議論はスクリップス・カレッジで1991年３月に行なわれた「中世を変える──中世研究の新たな展望」に関する会議で研究者向けに発表したもの，プリンストン大学歴史研究シェルビー・カロム・デイヴィス・センターの特別研究員を対象に1991年４月に行なった講演，1991年10月のラトガース大学とプリンストン大学の中世研究者の年次会合，オールバニー市で1992年４月に開催されたニューヨーク州立大学「中世は一つか複数か」と題する会議の席上，それぞれ発表したものである．
2) For example, for medieval Europe, see Herlihy 1990, 1-8, 25-39, 52-55. Cf. the division of labor in the “informal sector” of the African economy; Nelson 1979, 283-302.
3) Herlihy 1990, 1-12, 28-29, 34-39, 76-89.
4) Herlihy 1990. 91-97.
5) Vanja 1986, 147-59; Ennen 1985, 233-34.
6) Hafter 1985, 71-87.
7) Cf. Penn 1987, 1-15; Vanja 1986, 147-59.
8) Collins 1989, 461-63.
9) Cf. Herlihy 1990, 13-14, 112-14.
10) The phrase is from Tawney’s “Introduction” to Thomas Wilson’s *Discourse upon Usury*; Tawney 1925, 121.
11) Herlihy 1990, 154-80.
12) McIntosh 1986, 175.
13) See the cautionary remarks in Little 1975, 107-21.

14) See, for example, Jordan 1978, 53-55.
15) Coles 1991, 163-91.
16) See pp. 103-6.
17) See pp. 19, 98, 111-12.
18) Lewis 1982, 108-9.
19) For the usage, "megacities," see Buvinić and Yudelman 1989, II. See also Youssef and Helter 1983. 237.
20) Gordon 1980-1981, 59-76, considers the effect of cyclic migration on women in the recent history of Lesotho. See also, more generally, Youssef and Hetler 1983, 237.
21) ザイールに関する研究を基盤として，ジャネット・マクガフィーは1988年発表の「男性の管理を避けて——ザイールにおける第二経済の女性」の161ページで，「都会の女性は田舎の女性と同様，公的な報告書や統計では実態が見えてこない．町や市の女性の最も成功した儲かる経済活動は市の管理を免れる第二経済，経済全体のあの部門で行なわれるために認識されないのである」と述べている．
22) カレン・ハンセンは『アフリカにおける女性と国家』(1989) 所収の「ザンビア，ルサカにおける闇市場と女性商人」143-60ページで，闇市場における女性参加の形成者として国家の重要性を軽視している．彼女の結論はザンビアのルサカにおける女性商人の研究に基盤を置いている．(信用貸しの問題を含む) 女性と発達に関する国家の役割の広範な理論的討議についてはジャナ・エヴェレット著『女性，国家，および発達』(1989) 所収の「合併対紛争——下層階級の女性，集団行動，およびインドの国家」143-60ページを参照．彼女はインドに焦点を当てている．

第1部

1) Cf. Firth 1959, 39.
2) 信用貸しと遅滞した贈与の交換を区別することの難しさは以下の議論から直ちに明らかである．すなわち，Sahlins 1972, 185-275; Forde and Douglas 1967, 21; Firth 1965, 314-51; Firth 1959, 422-32.
3) On Rome, below, pp.14, 56.
4) Rostovtzeff 1941, I, 163; III, 1352 n. 37.
5) Rostovtzeff 1941, I, 404-6, 411; II, 672; III, 1418 nn. 202-3.
6) Rostovtzeff 1957, I, 16-17.
7) Rostovtzeff 1957, I, 180.
8) Below, pp. 53-56.
9) ロストフツェフの見解については，Rostovtseff 1957, 1, 58, 153, 172, 180を参照せよ．理念的に危険を孕むとは言え総合的批評に関しては，Finley 1983,73-75,186-86; D'Arms 1981, Austin and Vidal - Naquet

1977, 148-50. 等々を参照.

10) See especially Pirenne 1937, 1-3.

11) Postan 1927-1928, 236.

12) 高利貸しのスコラ哲学的分析に取り組んだ古典的著作は数が多い. 以下のパラグラフの議論はほとんどがこれらから引用したものである. Langholm 1984; Nelson 1969; Noonan 1957.

13) On *usura* in its various contexts, cf. Shatzmiller 1990, 67-70.

14) Baldwin 1970, 1, 271:「高利貸しは神のみに所属するものを売った……それは全ての人間に対する神の贈物である時だ」. スコラ哲学は知識についてもこうした議論を展開した. すなわち, 神の贈物として, 知識, とりわけ神の知識（神学）は売り物にしてはならない. 居住地で聖職給を貰う教師（牧師）は会衆に対して贈物として無料で教育を行なうべきだ. 学校の教師は肉体的労働に見合う報酬しか要求しないだろう. 言うまでもなくこの議論にはさまざまなバリエーションがある. see Baldwin 1970, I, 124-30.

15) See, e.g., Gerber 1981, 100-118, on Jewish and Coptic lending in the Ottoman Empire, and, more generally, Zenner 1991.

16) Cf. Shmuelevitz 1984, 57; Gerber 1981, 100-118; Jennings 1978, 225-93; Jennings 1973, 173-91.

17) Jordan 1989, 45.

18) 中世の記録はしばしば借り手の地位を記録し, 健康状態を記録することはめったにない. したがって貸付を求める人々のうち病気で働けないために金を借りる必要のある者の割合を知ることは不可能である. 恐らく, 重病人は親戚から借りることができなければその親戚が代わって借金をしたと思われる. けれども, 病人のなかには自分で貸付を交渉した者もいたはずで, こうした人々はどう扱われたのだろうか. 借り手が死ぬのを予測した貸し手は貸すのを躊躇しただろうか. それとも彼らは中世という「この小さな世界」で, あまり圧力をかけないでも死者の親戚が残った借金を返済すると期待したのだろうか. 重病人に貸したがらないと見なされた金貸しに対する社会のしっぺ返しはどんなものだったのか. 純粋に比較の目的で, コロンビアの田園地帯に関するロビン・マーシュの研究（1983）を参照することができよう. 調査データに基づき, 筆者は, この低開発社会においては信用貸しの対象になった者の実に60パーセント以上が貸付を受けた時点, またはその直前に重病に罹っていたことを発見した. これは驚くべき割合であって, 中世の記録は, 借り手の健康について語らぬことで, 信用貸しの社会的関係に影響を与える彼らの生活の主要な側面の一つについて語らなかったのかもしれない.

19) Langmuir 1960, 207.

20) Shatzmiller 1990, 25-53.

21) Martin 1979, 131-41.

22) Little 1978, 42-57; Little 1971, 16-49.

23) Schilperoort 1933, 93-97; I owe this reference to Dr. John Logan.

24) On Europe, see Gampel 1989, 37; Jordan 1988, 54; Bowers 1983, 66-67; De Roover 1948, 127. For Islamic comparisons, see Faroqhi 1987, 152, 172; Udovitch 1967, 262.

25) Jeffrey 1981, 351-56.

26) Rubin 1987. 89; Le Goff 1986, 9-68, 83-99, cf. also Baldwin 1970, I, 270-311.

27) Rabelais [1955] (*Pantagruel*, bk. II. cap. 30)

28) Fossier 1988, 152は現存するデータの量を過小評価している.

29) For example, Mayhew 1987, 121. See also the hasty and ill-considered remarks in Komlos and Landes 1991, 38.

30) 同じ問題が近代初期の判例で注目されている. see Haagen 1986, 72, 120.

31) Cf. Frankin 1986, 196.

32) See, e.g., McIntosh 1988, 562.

33) Jordan 1983, 149; Jordan 1979, 47-54; Jordan 1978, 42-44; Nahon 1969, 1121-48; Langmuir 1960, 203-39. See also Delisle 1969/1851, 195-99.

34) On Germany, see Jenks 1978, 309-55; on Provence, see Lavoie 1973, 202-4.

35) Rigg 1905-1972, for the most famous, the Exchequer of the Jews of England.

36) A few examples: Assis 1988, 18-20, and Emery 1959, for Catalonian territories. Coulet 1978, 79-104; Gasparri 1973-1974, 22-24; and Castellani 1972, 583-611, for Provence and neighboring lands.

37) Toch 1982, 499-550; Irsigler 1981, 122-62; Davis 1888; Loeb 1884, 161-96.

38) Tawney 1925, 17-30.

39) Cf. Jennings 1973, 173-80.

40) For medieval Europe, Jordan 1988, 41, and Leroy 1985, 73. Compare Faroqhi's observations on seventeenth-century Anatolia (Faroqhi 1984, 183, 281) and Skinner's on credit sales by itinerants in rural China (Skinner 1964, 30-31).

41) Shatzmiller 1990, 84-85; McIntosh 1988, 562; Bautier 1981, 217; Baldwin 1970, I, 300.

42) Holderness 1981, 195-209.

43) Shatzmiller 1990, 84; McIntosh 1988, 562.

44) Inn- and tavern keepers: McIntosh 1988, 565; Britnell 1986, 103. Craftsmen and notaries: Shatzmiller 1990, 84. Immigrants: Shatzmiller 1990, 89; Somers 1980, 118-25; Duby and Wallon 1975-1976, I, 524-26; Chomel 1951-1952, 225-47; De Roover 1948, 124, 148.
45) On the role of Cather heretics, see Mundy 1982, 240, and Biget 1970, 1-50, but cf. Roach 1986, 54. For comparative purposes, see Crummey 1970, 135-57, on the role of the Old Believers in Russia.
46) Cf. Shatzmiller 1990, 91-93.
47) Shipley 1976, 467; Ashton 1960, 14-43.
48) Holderness 1984, 439; A. Clark 1982/1919, 28-29.
49) See, e.g., Hanawalt 1986, 151; Hilton 1975, 103.
50) Lacey 1985, 52; Wright 1985, 111.
51) Shahar 1983, 194; Wiesner [Wood] 1981, 4, 9, 12; Jacobsen 1983, 9; Riemer 1985, 61-62; Levy 1983, 210, but cf. Levin 1983, 161, 165, and Franklin 1985, 1-38.
52) Jordan 1988, 51; Noonan 1957, 73-75.
53) Below, see pp. 30-32.
54) E. Clark 1981, 262-63.
55) Nicholas 1985, 85-90.
56) Reyerson 1985, 67, 74.
57) The antiquity of the pattern is attested in Harris 1989, 148, who cites evidence from second millennium B.C. Mesopotamia.
58) Nicholas 1985, 85-90; Jacobsen 1983, 17-18; Clark 1981, 262-63. 中世のようにギルドの力が強かった社会や伝統的に男の仕事だったことにおいても，寡婦が亡夫の事業を続ける傾向については，see Swanson 1989, 15, 35, 42-43, 74, 161.
59) Tallan 1991, 63-74; Baskin 1991, 45.
60) On occasional lenders, see Assis 1988, 34-35, including nn. 72-73, and below, pp. 36-38.
61) See, e.g., Assis 1988, 98-106.
62) Rigg 1905-1972, I, 89, 91, 106, 204, 208, 212, and so on, for primary references. For studies, see Lipman 1967, 47; Roth 1964, 115; Adler 1939, 17-18.
63) Jordan 1983, 149-50; Jordan 1978, 53. Cf. Powicke 1961, 213 n. 26.
64) Kohn 1982, 32.
65) Gasparri 1973-1974, 22-24.
66) Uitz 1986, 468.
67) Leroy 1985, 71-78.
68) Cf. Franklin 1986, 188.

69) Assis 1988, 29, 36-37; ユダヤ人男性および彼らの金貸し活動については，pp.50-58.

70) イタリアのユダヤ人居住地に関する厖大な参考書目の指摘については，see Braunstein 1987, 667 n. 4.

71) Simonsohn 1982-1986, I, nos.47, 1196, 1561, 1630; II, no.2042. See also Adelman 1991, 35; Stow and Stow 1986, 67; and Stow 1987, 1100. ——しかしキリスト教徒の女性が金貸しをやっていなかったとするストーの言葉は誤りである.

72) Bonazzoli 1987, 750-51 n. 10.

73) Records from 1440, 1441, 1448, etc.: Segre 1986, 141 no.318, 147-48 no.329, 150 no.333, 230-31 no.491.

74) Bonetti 1982/1917, 40.

75) Simonsohn 1982-1986, II, no.2201.

76) Simonsohn 1982-1986, II, no.1697.

77) Some examples are noticed in Veinstein 1987, 802.

78) 家族，パートナーシップを含め，ユダヤ人の事業の性質については，see Assis 1988, 37-39, 45-48, and Jordan 1978, 42.

79) 16世紀イタリアの小さな町で記録された一つのそうした事件は，in Segre 1986, 620 no.1312. これは私が発見できたことの全てである.

80) 私が本書のこの部分を執筆していた当時，アネンバーグ研究所の特別研究員だったデイヴィッド・バージャー教授の言葉はこの問題に関する私の考えを明らかにするのに役立った.

81) Northern France: Jordan 1983, 149-50; Jordan 1979, 47-54; Jordan 1978, 42-44, 53, 55. England: Lipman 1967, 47. Italy: Bonazzoli 1987, 750-51 n. 10; see also 751 n. 11 and 752 n. 21. Catalonia: Assis 1988, 36-37.

82) Below on borrowers, pp.25, 29-32.

83) Shatzmiller 1990, 6, 74; Colafemmina 1989, 113-15; Assis 1988, 67-74; Kohn 1988, 86-88, 125; Reyerson 1985, 80-81; Kohn 1982, 38; Searle 1974, 402; Nahon 1969, 1135-36. Cf. Morenzoni 1992, 18-25.

84) See preceding note; also Assis 1988, 49; Mundill 1991, 163; and for useful remarks on rural credit, Wrightson and Levine 1979, 100-101.

85) Cf. Assis 1988, 83-86.

86) 地域的に進展していた二つの種類の短期貸付に関しては，see: for England, McIntosh 1988, 561; Britnell 1986, 104; Searle 1974, 402; Elman 1939, 98. For France, Shatzmiller 1990, 6, 74; Kohn 1988, 86-88, 125; Reyerson 1985, 80-81, Kohn 1982, 38; Nahon 1969, 1135-36. For Central Europe, Samsonowicz 1988, 180; Jenks 1978, 331-32, 335-36. For the Iberian peninsula, Assis 1988, 67-74, 90; Leroy

1985, 63-65 (but cf. Gampel 1989, 38). And for Italy, Colafemmina 1989, 113-15; Stow 1981, 165; Poliakov 1977, 91; Noonan 1957, 34.

87) Above, pp.18-19.

88) Britnell 1986, 104.

89) Below, pp.36-38.

90) For some of the restrictions, see Dillard 1984, 90; Jordan 1979, 237; Pollock and Maitland 1898, I, 482-85.

91) Power 1975, 58. See also Morenzoni 1992, 11, for supporting documentary evidence from fourteenth-century Swiss Savoy.

92) Kohn 1982, 57; Kriegel 1979, 122-25; Shohet 1974/1931. 28.

93) Assis 1988, 60-62, 89; Leroy 1985, 71-78; Kohn 1982, 31; Shatzmiller 1982, 585; Richardson 1960, 116 (but cf. Dobson 1974, 14); Crémieux 1903, 246-47, 254-68; Cochard 1976/1895, 185-86.

94) Poliakov 1977, 18-20; Rosenthal 1962, 35-36.

95) Leroy 1985, 61, 72.

96) Kirschenbaum 1985, 270-89.

97) Cf. Shatzmiller 1990, 12, 21.

98) Kohn 1988, 246; see also Sahtzmiller 1985, 330, and Kriegel 1979, 142.

99) Morenzoni 1992, 11; Brown 1989, 274; Assis 1988, 60; Dillard 1984, 90; Toch 1982, 512, 514-15; Clark 1981, 267-78; Irsigler 1981, 143, 145-46, 149-50, 152, 155; Jenks 1978, 332; Emery 1959, 64-65; etc.

100) Reyerson 1985, 77; Jordan 1983, 149; Jordan 1978, 45.

101) McIntosh 1986, 175; Riemer 1985, 71; Dillard 1984, 160; Jordan 1978, 53-55; Adler 1939, 28.

102) Britnell 1986, 104; Luzzatto 1902, 33.

103) Morenzoni 1992, 6; Jordan 1983, 145-46; Jordan 1978, 43-44; Clark 1981, 266; Hilton 1975, 47; Searle 1974, 402.

104) Cf. Britnell 1986, 104.

105) Jordan 1988, 36-37; Luzzatto 1902, 34-35.

106) For the figure on wages, see Jordan 1986, 63.

107) Above, pp.23-24.

108) Shatzmiller 1990, 10, 116.

109) Cf. Assis 1988, 94.

110) Above, p. 24; see also Mundill 1991, 144.

111) Jordan 1988, 37-38. Cf. also for a Third World parallel Alexander and Alexander 1991, 383-84.

112) Cf. Clark 1981, 270.

113) Rabelais [1995] (*Pantagruel*, bk. III, cap. 4; see also cap. 3).

114) Erler and Kowaleski 1988, 7, 11.

115) Britnell 1986, 40-41.

116) Cf., for example, Lacey 1985, 51, on late medieval London, and Hutton 1985, 94-95, on fourteenth-century Shrewsbury.

117) Goldberg 1986, 29. huckster, forestaller, regrater (違う市場で買った品物を再販売する人) 等々の言葉の微妙な意味の違いや互換性については，Lacey 1985, 51を見よ.

118) Lacey 1985, 51; Hutton 1985, 94-95.

119) Britnell 1986, 40-41. ブリットネルはヒルトンの研究を利用し，部分的には引用もしている．ヒルトンは最近，こうした結論をさらに推し進めた．中世デンマーク（女性）と近世初期のポーランド（ユダヤ人）における forestaller の社会的二義性は Jacobsen (1983, 11) と Hundert (1987, 259) によって証明済みである.

120) Hutton 1985, 94-95.

121) Faroqhi 1984,6; Jennings 1975,103; Jennings 1973,194-97.cf. 初期アメリカで同様に見える状況については，Ulrich 1988,83-86 を参照．私はこの文献をマイケル・メリル教授に負っている.

122) 続く数か所のパラグラフはこの問題に関する筆者の以前の見解を再述し，敷衍したものである．Jordan 1988, 45-46.

123) 比較のためだけに，人類学者ジョージ・フォスターが1940年代に行なったガダラハラとアカプルコのあいだのメキシコの小村，チンツンツァンの女性間で行なわれていた非公式な金の貸し借りに関する素晴らしいフィールドレポートを参照されたい．これは入質（この場合は物件がアイロンであるが）にまつわる複雑な肯定的・否定的手続きを強調している．借り手は病気に罹り，薬を買うために金を借りようとした．彼女は貧しかったせいで抵当が必要だったが，抵当をかたにもっと借りたかったものの，質屋は現金不足を装って非難されるのを避けた．結局フォスターは金の貸し借りが「友人間でも……厳しいものだ」と述べている．Foster 1948, 144.

124) Cf. Assis 1988, 40-43.

125) Cf. Cassard 1984, 85-94, on Breton immigrants in medieval Paris.

126) The data may be consulted in McIntosh 1988, 562-70. 果たして彼女がここに示した解釈に賛成か不賛成かは言えない.

127) Cohen 1985, 245. 更なる情報は著者によって私に直接提供された．入院金に関してはさらに Burton 1975, 21を参照.

128) Holderness 1984, 439-41.

129) Rabelais [1955] (*Pantagruel*, bk. III, prologue).

130) これらすべての問題について私の知る最上の扱いは Cohen 1985の特に245-47にあるが，そこでの議論は彼女も容易に認めるように，小さなデータベースに基づいており，きわめて試論的で，修正される可能性が強い.

彼女には更なる未発表のデータを見せてくれたこと，ならびにこれらの問題に関する彼女の考えを打ち明けてくれたことに感謝したい．言うまでもなく，私の解釈はかならずしもコーヘン博士のそれと一致するわけではない．

131) Prochaska 1987, 13 (私はこの未発表の論文に言及することを許していただいたことをプロチャスカ教授に感謝したい．なぜなら彼のすでに発表された著作はこれらの問題に軽く触れているだけだからである．Prochaska 1990, 228-29). テクストの問題点を追及して嘆願者が拒否されれば，評判はもっと悪くなるかもしれない．こうした関係からは脅迫のにおいがしないだろうか．

132) See Deut. 24.6, 10-13.

133) Huang 1981, 144.

134) Reyerson 1985, 64; Castellani 1972, 605; Menkes 1971, 417-18; Emery 1959, 39, 49, 61, 64-65.

135) Toch 1982, 516; Jenks 1978, 335.

136) Above, pp. 29-30.

137) Kohn 1988, 138.

138) Cf. Wright 1985, 111.

139) On the types of objects pawned, cf. Jordan 1989, 62, 84; Assis 1988, 87, 90-93; Jacobsen 1983, 9.

140) Deut. 24.6; for medieval injunctions, Jordan 1989, 62, 84.

141) Lacey 1985, 52.

142) Cf. Jordan 1983, 149-50; Jordan 1978, 45-52.

143) Cf. Gampel 1989, 33-34, 125; Schwarzfuchs 1989, 224. Compare also Vassberg 1984, 207.

144) De Roover 1948, 128-29, 149, 156, 348. See also Poliakov 1977, 97-101; Gilchrist 1969, 72, 281 n. 141. Cf. the situation for modern pawnbrokers; Zenner 1991, 36.

145) Kohn 1988, 137; Wright 1985, 111; Kohn 1982, 42-43; Cohen 1980, 325-26.

146) Jordan 1983, 144-46, 150-51; Jordan 1979, 84-86; Jordan 1978, 52-53.

147) Simonsohn 1982-1986, II, no.2434.

148) Simonsohn 1982-1986, II, nos.2441-42, 2444-46, 2449, 2453.

149) Cf. Poliakov 1977, 48, 96; also Zenner 1991, 30.

150) Shatzmiller 1990; Shatzmiller 1989, 246-47; Cassuto 1918, 159.

151) Cf. Assis 1988, 40-43; Simonsohn 1982-1986, II, no.3118.

152) Jordan 1983, 146.

153) See, e.g., Edwards 1988, 81-82; also Poliakov 1977, 57-62.

154) Cf. Assis 1988, 75-81.

155) Rosenthal 1962, 11.

156) Bashan 1989, 72.

157) Pullan 1987, 671; Simonsohn 1982-1986, I, no. 7. Special "common" funds for loans to students were known elsewhere: for medieval Cambridge, see Rubin 1987, 286-87; for Oxford, see Buck 1983, 106 n. 53.

158) Cf. Toaff 1983, 183-96.

159) *monti* の概念はイタリアだけにあるのではない。それは困窮者貸付の市場サービスが道徳問題を引き起こすところではどこでも「肌身に感じられる」ことだった。cf. Tawney 1925, 125.

160) Shatzmiller 1990, 84; Chiuppani 1979/1907.

161) Pullan 1987, 671; see also Ravid 1989, 206.

162) Loevinson 1932a, 3-4.

163) Simonsohn 1982-1986, II, no.2089.

164) Above, p.35.

165) See also Simonsohn 1982-1986, II, nos.1763, 1903, 2361.

166) Loevinson 1932b, 28-46. 1932c 167と Loevinson 1933a 59-60 のおかげで，この現象はアンコナに限られたことではないと知った。もっとも，そこの資料はかなり豊かなのだが。

167) Above, p.21.

168) Reyerson 1985, 73-74; Wernham 1979, 228-33. The question of social control is Addressed, not on this issue precisely, but more generally in Jenks 1978, 335, 353-54.

169) （キリスト教徒対ユダヤ人）女性のいざこざの例をいくつか挙げれば，サヴィリアノでは1439年，シリエでは1440年，バージでは1469年と1471年に，といった具合である。see Segre 1986, 136-39, 323, 329 nos.306, 311, 719, 735.

170) Segre 1986, 255-56 note to no.552.

171) The material on the Duc de Berri comes from Lehoux 1956, 50-52.

172) Lehoux 1956, 40.

173) 淑女は家計にはめったに携わらなかった，とヴァードンは1986年発行の著作の358ページで述べている。

174) Cf. below, Part Two, text to n. 89, on the *Monte delle doti*, which provided an alternatiove to upperclass borrowing.

175) Ravensdale 1984, 215.

176) Ravensdale 1984, 215.

177) Mertes 1988; Haagen 1986, 265. See also Tawney 1925, 31-42.

178) Mertes 1988; 77,95.

179) For the English case, there is a debate; Carpenter 1980, 721-

52. For the French case, see Jordan 1986, 28-32. And for Scotland, see Brown 1989, 266.

180) Mertes 1988, 112-13, 119.

181) Wharton 1962, 35; I owe this refernce to Professor Walter Zenner. Cf. Shatzmiller 1990, 99-103.

182) Cited in Brown 1989, 270-71.

183) Brown 1989, 273.

184) Cf. Haagen 1986.

第2部

1) Above, pp.13-14.

2) Veenhof 1972, 103-23.

3) Harris 1989, 155.

4) Rostovtzeff 1941, I, 101; II, 1279.

5) Rostovtzeff 1941, I, 404-6; III, 1418 nn. 202-3.

6) Casson 1984, 27. See also Finley 1983, 73-75, 185-86; Austin and Vidal-Naquet 1977, 148-50, following Finley.

7) Rostovtzeff 1941, II, 959-60; 1290; III, 1565 n. 36.

8) Rostovtzeff 1957, I, 31, 34, 225-26, 317.

9) Finley 1952, 78-79.

10) 問題の箇所はレーブ・シリーズ版アリストファネス［1972］の翻訳を参照. ll. 839-47; cf. Pauly 1894-, IX, 256.

11) Sidebotham 1986, 83-88.

12) Above, see pp.14-15.

13) Pirenne 1937, 124.

14) Postan 1927-1928, 234-61.

15) Lopez 1971, 97-108.

16) 利子を正当化するリスクについてはLopez 1971, 73-79を参照のこと.

17) 例えばヨルダンで1981年に資料が収集された市の年金（投資への利子）に対するボンテの使い方を見よ. 1981, 304.

18) See Stow 1981, 161-84; McLaughlin 1940, 1-22; McLaughlin 1939, 81-47. More generally, see Gilchrist 1969, 62-82, 104-21.

19) Duggan 1983, 27-28は最も信頼に価する証拠を要約している. 筆者はこれと他の数点の論文に注意を促していただいたことをダガン教授に感謝したい.

20) Brown 1984, 405-22; Wales 1984, 351-404.

21) Jones 1989. See also, but cautiously, Tawney 1925, 107-34, 156-69.

22) Jones 1989, 72. See also Clarkson 1971, 148.

23) Cf. Tawney 1925, 115-16.

24) Powell unpub, 5-7; Queller and Madden unpub, text to n. 39 and n. 39; Riemer 1985, 60, 73; Jehel 1975, 204.

25) Noonan 1957, 73-75.

26) On England, Adler 1939, 37-38 (cf. Franklin 1986, n. 41). On northern France, Kohn 1988, 95-97. For information on Provence, Shatzmiller 1990, 33, and Coulet 1978, 96-97. On the Moselle duchy of Bar, Weill 1966, 289.

27) Above, pp.38-42.

28) Clark 1982/1919.

29) リプリントされた著作の序文は未発表の研究を引用しているが，これが彼女の結論のいくつかの小さな問題に疑問を投げ掛けるとともに洗練した．Clark 192/1919, xl Vivien Brodsky はクラークが「16世紀末のロンドンの経済における非典型的に独立した並外れて裕福な寡婦に不当に目立った役割を与えている」と嘆いている．Brodsky 1986, 142-43.

30) Conyers 1973, 8.

31) Holderness 1984, 435 (cf Holderness 1976, 105); Jones 1989, 72も見よ．農村地帯の信用貸しに関するこうした結論は Brodsky 1986, 144において支持されている．

32) Collins 1989, 455-57.

33) Below, see pp.62-73.

34) Cf. Goitein 1967-1988, I, 256; III, 330.

35) Bashan 1989, 66-68.

36) Jennings による数点の論文が彼の見解を表現している．Jennings 1978, 225-93; Jennings 1975, 53-114; Jennings 1973, 168-216. しかし，読者はジェニングズ自身が指摘するように，ユダヤ人女性が消費向け貸付にもっと興味深い役割を事実もっていたことを想起すべきである．

37) See, for example, on thirteenth-century Catalonia, Assis 1988, 90-93.

38) Davis 1988, 101-2.

39) Généstal 1901; Chédeville 1973, 463-68.

40) Berman 1982, 250-66; Day 1980, 125-27.

41) Pirenne 1937, 118-20.

42) Cf. Herlihy 1990, 61, 63; Power 1975, 89. See also Burton 1979, 25.

43) Jarck 1982, 27 no.22.

44) Vanja 1984, 208-53.

45) Lavrin 1979-1980, 590-92. ここと続く注釈に引用されたラヴリンの著作はスチュアート・シュヴァルツ教授の指摘によって私の注意を引いたものである．

46) Lavrin 1985, 1-28.
47) Lavrin 1973, 91-122.
48) Vanja 1984, 208-53.
49) Raban 1982; Henneman 1971, index s.v. "amortissement."
50) Schneider 1975, 111.
51) Vanja 1984, 208-43, しかし，一般にデータベースは多くの抵当物件が販売用語に隠されている可能性があるために複雑である．
52) McGuire 1982, 197, 213-15, 248.
53) Valois 1908, 366-67, for a particularly moving account.
54) On corrodies, see Rubin 1987, 171-73; Usilton 1980, 222-36; Lewis 1979, 23-38; Beachcroft and Sabin 1938, 52; and most generally, Snape 1926, 139-47. For some typical contracts, see Elvey 1975, nos.621A, 740, 755A; Ross 1959, no.307.
55) Moreau 1988, 154.
56) Tillotson 1989, 30.
57) Tillotson 1989, 32.
58) Tillotson 1989, 31, 33.
59) Tillotson 1989, 13.
60) Kist 1929, 18. I owe this reference to Professor Lawrence Duggan.
61) Geiges 1980, 171-72.
62) Duggan 1989, 203-8; Duggan 1983, 26.
63) Vanja 1984, 244-53, listed as "Vergabe auf Lebenszeit."
64) Thiriot 1926, 167-69.
65) Thiriot 1926, 170-72.
66) 例えばCaritas Pirckheimer 1982, 112で注目された16世紀初期のニュルンベルクにおける3.3パーセントの収益を参照のこと．また，ウンターリンデン（コルマーの近くの）のドミニコ修道会の尼僧の修道院で行なわれた記念祭のミサに大枚300ポンドの寄付がなされたが，これに対する1パーセントの利子も参照されたい（ウイトマー編集過去帳記載1946, 101）．
67) Above, p.65, and Wagner 1987, 131 no.116. 毎年の死亡者ミサのための投資の高率収益については，Wittmer 1946, 101を見よ．ミサはウンターリンデンのドミニコ修道会の女子修道院で最初の40ポンドの下付金から年額3ないし4ポンドの支援金が出た．
68) Sabean 1990, 341-50.
69) Holderness 1984, 423-42.
70) Swain 1986, 190.
71) Swain 1986, 191.
72) Clarkson 1971, 148.

73) Archer 1984, 15-35; cf Prior 1990, 201-6. 多くの下層階級の女性にとって地域的に複雑な状況についてはTodd 1990, 175-200を参照.
74) Todd 1990, 195-97.
75) Cf. Willan 1980, 78-79.
76) Willan 1980, 79.
77) Above, see pp.xxx.
78) Cf. Ville 1987, 2, based on Jarvis 1969, 416; and Clark 1982/1919, 29-30.
79) ほとんどの産業の最初の発達に資本を提供したのは男性だったように見える. 評価できるのはTawney 1925, 43-608における一般的議論である.
80) Sabean 1990, 47.
81) Avobe, see pp.xxx.
82) ロンドンは興味深い. また, 更なる研究が必要であるが, 中世末期のロンドンで大きな貸付が女性によって行なわれたことはほとんど疑いのないところである. See, e.g., Lacey 1985, 52.
83) Powell unpub, 5-7; Jehel 1975, 204.
84) Jehel 1975, 208.
85) Powell unpub, 5-7.
86) Queller and Madden unpub, text to n. 39 and n. 39.
87) Riemer 1985, 60, 73.
88) 数多くのイタリアの例については, Segre 1986, 370-71, 414, 416, 431-32, nos.827, 829, 923, 927, 963; Simonsohn 1982-1986, I, no.476; II, nos.1643, 2772, 2775.
89) モンテについての英語の優れた議論はKirshner 1978のなかに発見されよう. ここに挙げた言葉はその議論からの引用である.
90) Jordan 1981, 303-5; Langlois 1887, 253-56.
91) Collins 1989, 456-57 and n. 48. See also Hoffman, Postel-Vinay, and Rosenthal 1992, 297-303.
92) Collins 1989, 457 n. 49.
93) Cf. Taylor 1962, 959-64.
94) Taylor 1962, 959-64.「ジュネーヴの不死の人々」に関するこの言及と数か所の他の言及をトーマス・ラケット教授に感謝したい. ジュネーヴの不死の人々に初めて注目したのはロバート・ダーントン教授のおかげである. 彼らの複雑な金融活動の叙述に間違いがあるとすればすべて筆者の責任である. See also Velde and Weir 1992, 9, 29-33.
95) Lüthy 1959-1961, II, 478-559, is comprehensive on these events.
96) Lüthy 1959-1961, II, 481. For evidence of marriage, see p.482 n. 17.
97) Lüthy 1959-1961, II, 478-559, especially p.539 on the other

groups and their fitness.
98) Lüthy 1959-1961, II, 562.
99) Lüthy 1959-1961, II, 559-62; Velde and Weir 1992, 37.
100) Rosen 1987, 373-75.
101) Baum 1985, 24-48.
102) Duggan 1983, 29.
103) Rosen 1987, 373-75.
104) Rosen 1987, 375.
105) Cohen 1985, 246.
106) Rosen 1987, 376, 384-85.
107) Above, see pp.71-72.
108) Rosen 1987, 376, 384-85.

第3部

1) Bohannon and Dalton 1962, 55-56, 91-94, 110-13, etc.; Yang 1944, 12; Madrigal 1979, 29-48.
2) この言及はロバート・ティニョール教授に負うものである．同教授にはこの部分の初期の草稿の議論の批判をたまわり，誤りを指摘していただいた．なおも誤りがあるとすれば責任は筆者にある．
3) 例えばパーパートの手になる1989年刊の，カナダのような多様な社会とアフリカを比較した素晴らしい試論集と，国連アフリカ経済委員会の人間資源開発課が1972年に準備した「女性――アフリカ開発に無視された人的資源」と題する報告を比較されたい（報告の全文は参考文献欄の「国連」の項に挙げてある）．
4) Hart 1982, 83-109. Cf. Mintz 1971.
5) Cf. Boserup 1970 and the extensive bibliography of women in development studies of sud-Saharan Africa and Latin America, Saulniers and Rakowski, 1977.
6) Cf. Koponen 1988, 102-3; Fröhlich 1982/1940, 5, and Wood 1974, 10-11, 19, 21-24, for the distribution of pre-colonial markets.
7) 「アニミズム」というのは，バラエティに富んだキリスト教でもイスラム教でもない宗教や，アフリカの諸文化を表現するのに便利ではあるがあまりピンとこない，合切袋のような言葉である．言うまでもなくキリスト教とかイスラム教といった言葉も，古いキリスト教やイスラム教社会の特徴をかならずしも表わさない非常に異なった慣行を表現する合切袋である．例えば，多くの古いイスラム社会（北アフリカやアラビアの男性支配の市場）で禁じられていた利息の徴収や女性の公的市場での積極的な活躍は，イスラム教を信奉するアフリカのサハラ砂漠以南の一部の社会ではしばしば行なわれていた．しかし，サハラ砂漠以南の社会の習慣が固定していた

わけではない．そうした社会のなかには更なる禁止を課する強い傾向を示したものもあって，ハウサ族の女性が市場ではなくて「家」を拠点に商売をしたことは96ページに示したとおりその一例である（女性を公的経済生活から厳しく分離したことがイスラムの本質的なイデオロギーの問題かどうかはいまだに議論されているところだ．Shaw 1981, 239-41および Antoun 1968, 671-97参照）．

8） Fröhlich 1982/1940, 30; Handwerker 1980, 12-13; Robertson 1976, 113-33; Wood 1974, 7-9, 13, 24; Arnold 1957, 177-87.

9） Hart 1982, 37. 植民地時代以前の「市場は女性と若い男性に支配されていた……家畜の売買……は野心的な若い男性に資産の蓄積をもたらした」．また Hill 1986, 57; Hill 1970b, 65-66, 139.

10） Staudt 1986, 197-215; Hay 1976, 87-109; Ocharo 1975, 31.

11） Koponen 1988, 103.

12） MacGaffey 1986, 161-77.

13） Johnson 1986, 237-54.

14） Lewis 1976, 135-56.

15） Saul 1981, 746-64.

16） Robertson 1976, 113-33; Hill 1970b, 139 nn. 1, 4.

17） Schwimmer 1979, 685.

18） Koponen 1988, 282; Fröhlich 1982/1940, 30, 33-34.

19） Fröhlich 1982/1940, 30 (my emphasis).

20） Little 1973, 46 n.32.

21） Pellow 1978, 775.

22） Hart 1989b, 20; Hart 1982, 33-34. いくぶん難しい見解としては，Hill 1986, 57, 141 を参照のこと．彼女は「西アフリカの森林地帯では長距離商売の一部は女性の手に握られていた」と信じている．

23） Clark 1981, 820.

24） Schuster 1982, 110-11.

25） Little 1973, 46n. 32; Hodder and Ukwu 1964, 24-25, 50. 筆者の知るかぎり，元の敵の（妻や子供らを含む）使者による神聖化された場所，または特別な平和の期間における貢ぎ物の提供と市場の興りの関係は，適切に扱われたことが一度もない．しかし，関係は実際にあったようだ．Casson 1989, 91の *Periplus Maris Erythraei*（1世紀半ば）に語られる物語を参照のこと．

26） Above, see pp.55-56, 73-74.

27） Adalemo 1981, 43.

28） Fröhlich 1982/1940, 48-50; Hodder and Ukwu 1969, 52.

29） Below, n. 31.

30） Sudarkasa 1973, 26, 57.

31） Cf. Sudarkasa 1973, 26.

32)　Pellow 1978, 772.

33)　17世紀半ばのオランダの観察者に次のような言葉でけなされたジャワの市場で働く大勢の女性商人を比較せよ．「生活の糧を直接稼ぐまじめな仕事にはつかず，路傍に一日座って少しばかりの野菜その他安い食材などを売って小金を稼ごうとしている．その人数が非常に多いので市場はごった返し，したがって個々の商人の儲けは取るに足らず，互いに足を引っ張り合っているようなありさまである」(以上，Alexander and Alexander 1991, 372より引用)．女性の手に握られている状態で，商売がどうして重要でありうるのか，とそのオランダ人は疑問を投げかけている．Alexander and Alexander 1991, 373.

34)　Below,see p. 90.

35)　Harris 1989, 146.

36)　Robins 1989, 113.

37)　Fischer 1989, 21.

38)　Cf. the overhasty generlization of Fröhlich 1982/1940, 32-33.

39)　Collins 1989, 459.

40)　Collins 1989, 456; Gullickson 1986, 33; Huffton 1975, 14-16（ハフトンの扱った事例では，レース生産は女性の仕事だが，商売は一部男性の仕事だった)．女性の生産物を女性が売買するというパターンは古くからあったと思われる．古代ギリシアのリボンの女性商人に関する Austin と Vidal-naquet 1977, 178-80を参照のこと．

41)　Hufton 1975, 14-16.

42)　Koponen 1988, 287によれば，タンザニア中部の場合「旅行者」はそういっているが，例外もまた指摘されている．

43)　Fröhlich 1982/1940, 43-45; Sudarkasa 1973, 57; Hodder and Ukwu 1969, 54.

44)　Fröhlich 1982/1940, 43-45; Sudarkasa 1973, 57; Hodder and Ukwu 1969, 174.

45)　Hodder and Ukwu 1969, 76.　近代以前のヨーロッパでは，買い占めは社会的に認められない行為とされていた．上記の pp.27-28も参照．

46)　p.93以下を参照．

47)　Hill 1986, 83-94には，アフリカにおける信用貸付に関する有用な議論がある．政治的な色彩をもつこの議論は，伝統的な社会に果たす信用貸付の役割を理解していないとして専門家を厳しく難詰するものである．けれども，それは一，二行の例外を除き女性と信用貸付については妙に寡黙である．

48)　See, for example, Fröhlich 1982/1940, 52-53. See also Bossen 1975, 593; Mintz 1971, 248.

49)　Clarke 1981, 820: southwestern Nigeria.

50)　フィリピンはいい対比を提供している．明らかにそこでも植民地時代

の初期には女性による商業活動が広く行なわれていたが，その後「スペインの圧力」とローマ法の適用によって，この制度は破壊されないまでも消滅に向かった．Szanton 1982, 132, 144.

51) Adalemo 1981, 71-94: western Nigeria.

52) Sudarkasa 1973, 59-63.

53) Arnold 1957, 177-87: Dahomey (now called Bénin).

54) MacGaffey 1986, 169; Staudt 1986, 205; Jaohnson 1986, 241; also Bossen 1975, 594.

55) 「ほとんど」という副詞が必要なのは一部の環境で経済的には植民地になっているあいだも原住民は彼ら自身の伝統的な，ないしは修正された国家行政を維持していたからである．衰退期のオスマン帝国はそうした例だと一部の者は主張するだろう．オスマン帝国の時代には女性商人は活躍していなかったので直接関係はないものの（Kazgan 1981, 132）この事例は多くを語ってくれる．ヨーロッパ人の需要に応じるために商売を営む，さまざまな階級と民族集団に所属する生産者および市場で売買をする者は，信用貸付や投資のネットワークを土地の名望家に頼った．後者はこうした状況を利用して高利をむさぼったが，にもかかわらずそうしたシステムが存続したことは，植民地時代の事業主が軽んじかつ信用貸しを拒むことでもっと完全に支配下に置いた環境では無視した生産者や市場商人が何とか繁栄していたことを意味していたのである．Faroqhi 1984, 137を参照のこと．

56) Hart 1970, 107.

57) White 1987, 40-41, 96, and passim; White 1982, 19-33.

58) Koponen 1988, 287-88; Fröhlich 1982/1940, 31, 36.

59) 例えばジャワでは，オランダ人はジャワの女性商人よりも中国人の商人と取引をすることで（中国人の扱う）長距離交易のあらゆる側面と，（ジャワ人女性の扱う）消費物資の取引のあいだに強固な障壁を築いた．Alexander and Alexander 1991, 370-94.

60) 経済生活における変化の導管として，買占屋の役割は伝統的な市場が慣習上の規則によって狭量になったヨーロッパの状況からよく知られている．したがって事業主はヨーロッパの商業化といわゆる「初期産業化」の近代初期のあいだに古い制度を無視して，一部は最下層民の集団だった買占屋とのあいだに新たな取り決めを行なった．例えば近代初期のポーランドにおけるユダヤ人およびスコットランド人行商人や買占屋については，Edwards 1988, 124ならびにFundert 1987, 259-61を参照のこと．言うまでもなく，伝統的な市場の取引方式で儲かっていた人々はこうした新しい成り行きに激しく抵抗するか，壁面に書かれたことを見て経済の変化に適応しようと努力するかした．

61) Cf. Piel 1979, 137.

62) Cf. Fröhlich 1982/1940, 38-40.

63) Cf.Hill 1986, 70-71.
64) Hart 1982, 142; Bossen 1975, 594.
65) Hill 1986, 141.
66) Ladipo 1981, 122, 124.
67) Ladipo 1981, 124. ヨルバランド，ローメ，トーゴーの女性商人が明らかに夫から金を借りることを避けたことについては，Comhaire-Sylvain 1982, 150を参照のこと．
68) Sudarkasa 1973, 67. But cf. Hart 1982, 144.
69) Saul 1981, 746-47, 755.
70) Robertson 1976, 124-25.
71) Robertson 1976, 128-29.
72) Hay 1976, 107.
73) Little 1973, 49; Hodder and Ukwu 1969, 51.
74) Hart 1989b, 20-21.
75) Pellow 1978, 770-85.
76) Cf. Koponen 1988, 288.
77) Alexander and Alexander 1991, 372-73; Alexander 1987, 5, 31, 35 n.20, 36 n.21, 52-53, 54n. 5, 61.
78) Madrigal 1979, 38-39. 朝鮮の全ての地域でマドリガルが研究したようなタイプの市場を女性が支配したわけではない．朝鮮の多くの社会では，第二次世界大戦までは市場活動はおおむね男性の手に握られていた(Shorensen 1983, 71)．
79) Alexander 1987, 30.
80) Cf. Madrigal 1979, 38-40.
81) Hodder and Ukwu 1969, 50.
82) Hill 1972, 223, 268-69, 329-31, 334-35.「一般的な経済的環境が許すかぎり」という言葉はこの制度の脆弱性を強調するためのものである．ハウサ族の女性の信用貸付のネットワークへの参加は，信用貸付への欲求が増大しても経済一般の衰退とともに衰退する傾向があった．同様に，義務教育の導入は子供から使い走りとしての役割を奪い，日中机に向かわせることでこの制度に危機をもたらしもした．これらの問題は，Coles 1991, 176, 183およびSchildkrout 1982, 56, 63, 65-73で扱われている．
83) Fischer 1989, 21, 27; cf. above, p. 89, also for an opposite interpretation of the same reliefs.
84) Pellow 1978, 779.
85) Schwimmer 1979, 688.
86) Hart 1989b, 20-21.
87) Little 1973, 45. See also Hill 1970a, 33.
88) Jordan 1989, 252-59.
89) このあとの議論については，筆者はPiel 1979, 123-40 に負うところ

大である．

90) 大陸のほかの地域の外国人商人の扱い方については，Hart 1970, 106-7 を参照のこと：「とりわけシリア人，レバノン人，インド人等々の外国人実業家に代わって原住民実業家を奨励する政策は，独立当初の政府にとって国家の経済発達ばかりでなく，政治の発達にとっても重要だと考えられた」．

91) Piel 1979, 133.

92) Schildkrout 1979,187n.11. 民族を全て型にはめる考え方は男性の特質に基づいているとする Schildkrout の一般論はきわめて疑わしいように思われる．

93) Schwimmer 1979, 688-89. 女性が都市に移住するという大きな問題は，田舎の女性が（たとえ大多数の市場で活躍する女性と同じ民族に属していても）大都市の市場に売り場を確保することには多くの困難が伴うということを強調する以外にここでは扱うことができない．以上，Obbo 1980, 138-39. アフリカ中央部の多くの地域のように「女性による大規模な商売の伝統がない」ところではさらに難しい．以上，MacGaffey 1988, 164（ザイール）．資本を蓄積するか，頼りになる顧客を見つけるかするまで（時にはそういうことには決してならないのだが），売春婦に身を堕す女性が多いのである．ザイールについては，MacGaffey 1988, 171-72, 植民地時代のナイロビについては，White 1988, 146を，植民地時代以降のナイロビについては，Nelson 1979をそれぞれ参考にされたい．

94) Hopkins 1973, 70-71.

95) MacGaffey 1986, 169; Ladipo 1981, 124; Little 1980, 109n. アフリカの文献における都会の女性の社会学的分析のなかで，彼は「女性金貸しの短い統計的記述」をしている．現実生活におけると同様，女性は夫の縁故を利用して事業を興し，「夫のスタッフ」の妻の現金の需要を先ず満たしてやる．

96) 職業的高利貸しに頼らず，フランス系カナダ人に対する銀行の偏見を避けるために，19世紀ケベックの田舎の初期の信用貸付組合を比較することができよう．初期の信用貸付組合は女性に組織されたものではないが，女性の加入を重要だと考えていた．Desjardins 1914, とりわけ11ページを参照のこと．

97) See Mintz's criticisms of Herskovits; Mintz 1974b, 116-18.

98) Ladipo 1981, 124-35, and Sudarkasa 1973, 95, Yorubaland; Miracle et al. 1979-1980, 700-724, pan-Africa; Lewis 1976, 140-41, Ivory Coast; Robertson 1976, 129, Ga of Accra; Geertz 1961-1962, 242, 246-48, 254-59, West Africa; Coles 1991, 176, 183, Hill 1986, 92-93, and Hill 1972, 203, 335, Hausaland; Vincent 1966, 107-8, old Congo; Ceesay-Marenah 1982, 291-95, Gambia. See also Little 1973, 50, 52.

99) Among women: Geertz 1961-1962, 249-53, various regions; Alex-

ander 1987, 83-84, rural Java; Madrigal 1979, 34, 42-43, 74-77, Korea; Wolf 1972, 223, rural Taiwan; Tinker 1990, 38-39, 42, Bnagladesh; Stirrat 1989, 102, Sri Lankan fishing villages; Carsten 1989, 132-33, Malaysian fishing communities. More generally, see Johnny 1985, 12, 14-16; Skinner 1964, 20. こうした組合が比較的古くからあったことは，男性支配の組織ながら少なくとも1275年から存在していた日本の講によって証明済みである．Embree 1969/1939, 138 n. 12 (I owe this reference to Professor Sheldon Garon). See also Nguyen 1949, 26.

100) Howell and Adams 1980, 2. 同様の非難については，このたびは女性商人が珍しいシエラ・レオネのイスラム地域においてであるが，Johnny 1985, 16-16を参照せよ．

101) Hart 1970, 114. 消費向け貸付については，pp.25-26も参照せよ．

102) Udry 1990, 251-69; World Bank 1989, 23; Hart 1982, 115-16; Williams 1978, 12, 82; Hart 1970, 113-14.

103) Lewis 1984, 184.

104) Hart 1982, 116.

105) For the case in Africa, see Miracle et al. 1979-1980, 700-24, and World Bank 1989, 24-25. For rural Java, Alexander 1987, 82-83, 151, 159; for Oaxaca in Mexico, Beals 1975, 102; for Korea, Kendall and Peterson 1983, 14; for Vietnam, Nguyen 1949, i, 9-11. More generally, cf, Harriss 1980, 110, 112.

106) Cf. Alexander 1987, 117-18, 120, on Javanese women traders in cloth and their long term credit, sometimes with Chinese men in Java.

107) Muntemba 1982, 93, colonial Zambia. Cf. the situation in late colonial Java, Alexander and Alexander 1991, 380-88.

108) Buvinić and Yudelman 1989, 3.

109) Lomé, Togoの状況については，Cordonnier 1982, 128-29を参照せよ．Maud Muntembaは女性に対する貸金の法的制限（これはZambiaが植民地だったことの一つの痕跡である）が1964年に解除されたこともほとんど見るべき影響がなかった，と結論づけている．Muntemba 1982, 93. 商売とは違う脈略のなかでLouise Fortmannが言った言葉を比較されたい．彼女は農業とタンザニアの田園開発銀行の活動に触れ，「小規模農民にとって資本はたやすく手に入らない．しかし，女性にとってはなおのこと手に入りにくい」と結論づけている．Fortmann 1982, 193. Kathleen Staudtはさらに，「貸付を受けることの難しさについては女性は男性の比ではない……出発点における男女間のこうした格差は時とともに拡大するとみてよい」と述べている．Staudt 1982, 216.

110) Ardayfio 1985, 149-52.

111) 女性と開発に関する文献の量は厖大で，この議論について最近発表された三つの著作は，Charlton 1989; Taplin 1989; および Young 1988である．Hill 1986, 140-45には女性に対する開発専門家たちの態度に関して激しい非難が述べられている．彼女の著作は全体が開発経済の間違いについての激越な議論である．

112) Himmelstrand 1990, 103. これが Rayah Feldman が，あたかも女性は具象化した開発過程の外側にあるかのように「開発において女性をまとめることの神話」について語るとき，また，アフリカではしばしばそうであるが，彼らの仕事は経済において最も生産的であるかのように語るとき，彼女の言わんとすることである．Feldman 1983, 68-69（Feldman の論文は『アフリカ政治経済学評論』の傾向的な特集号に発表された．題名からすれば，ほかの論文のなかに本研究にふさわしいものがありそうだが，内容的には大抵が退屈なプロパガンダである）．

113) Williams 1978, 118.

114) 世界銀行が編纂した二つの「田舎の研究」を参照されたい．on Kenya, 1989, 23, 27; on Bangladesh, 1990, 113-25. なお，Lewis 1984, 173, 183; Robertson 1984, 37; Nwihim 1983, 116; Bangun 1981, 150-52; Williams 1978, 65, 82, 84, 118-19.

115) Everett and Savara 1985, 143-48.

116) *New York Times*, 2 April 1990, p. A17; *Economist*, 10 November 1990, p. 54.

117) See, for instance, some Caribbean and South American examples: De l'Orme 1972, 323 (Martinique); Forman and Riegelhaupt 1970, 195-97 (northeastern Brazil). But cf. Whyte and Whyte 1982, 146-47, where it is shown that in some villages (Malaysia is his illustration) men were the "middlemen in fish, women for cloth and pandanus."

118) Jacobsen 1983, 10-11.

119) Cho 1983, 82-85.

120) Vercruijsse 1984, 57.

121) Ifeka 1989, 107.

122) Ifeka 1989, 89.

123) Ifeka 1989, 107.

124) Alexander 1982, 41. See also Stirrat 1989, 102.

125) Alexander 1982, 59.

126) この地域の信用貸付については，Karve and Acharya 1970, 25, 34, 55, 59-61, 66-67. 女性の限られているが本物の役割それ自体については，pp.50, 56, 63, 74. 研究者が女性だった点には留意しなければならない．男性ではこの情報は収集できなかっただろう．

127) Gough 1981, 251-52.

128) Firth 1966/1946, 81, 224; see also Whyte and Whyte 1982, 22, 146-47; Carsten 1989, 132-33 (with particular reference to credit associations).
129) Firth 1966, 80.
130) Firth 1966, 144; my emphasis.
131) Firth 1966, 336.
132) Vercruijsse 1984, 62.
133) Bavinck 1984, 70, 82-83.
134) 西インド諸島，わけてもハイチの市場に関して資料を広く読むように勧め，情報源のリストを提供してくれたJoan Dayan教授には負うところまことに大であった．
135) Brown 1991, 158-59; Comhaire-Sylvain and Comhaire-Sylvain 1964, 397-98; Mintz 1960, 20-24, 26-28, 36-37; Herskovits 1975/1937, 82-84.
136) Castillo et al. 1974, 180.
137) Vassoigne 1974, 198; De l'Orme 1972, 322-23.
138) Herskovits and Herskovits 1964/1947, 49.
139) Mintz 1974a, 210.
140) Beckles 1989, 4.
141) これらの社会，わけてもそれらの社会の女性については，Pollak-Eltz 1974, 221-46およびReichel-Dolmatoff 1974, 247-65を見よ．
142) Gordon 1989, 71-75.
143) Kurtz 1974, 696-97.
144) Cf. Chiñas 1976, 173. One might compare also Warner 1976, 107-31, and Beals 1975, 148-49, on marketing in Oaxaca, Mexico; Forman and Riegelhupt 1970, 195-97, on northeastern Brazil; and Gillin 1947, 73-74, on coastal Peru.
145) See, for example, the discussion of Colombia in Ortiz 1967, 393-414.
146) Hart 1989a, 2. また，Lowenthal 1990, 225 (この問題に関する最近の文献の再検討も参照せよ)．「西インド諸島を理解するのに重要なことは，新世界のなかでここだけで，ヨーロッパ人による征服が原住民の強奪と適応ばかりでなく，絶滅をも伴ったことである．コロンブスが上陸してから10年以内に，この過程はかなり進んだ」．
147) Le Franc 1989, 99; Comhaire-Sylvain and Comhaire-Sylvain 1964, 397.
148) Above, see pp. 87-88.
149) Mintz 1974a, 210; Mintz 1984, 293.
150) Mintz 1974a, 211 (the same arguments are in Mintz 1974b, 286-305).

151) Morrissey 1989, 164.
152) Bush 1990, 49.
153) Bush 1990, 49, Beckles 1989, 4, 72-73.
154) 筆者は Rebecca Scott 教授によって奴隷市場の極端な事例を考察するよう勧められた。同教授にはこの紙面を借りて感謝申し上げたい。
155) Beckles 1989, 74, 81-82; Handler 1974, 125-26; Goveia 1965, 161.
156) Beckles 1989, 73, 80; Mintz 1978, 333-44.
157) Handler 1974, 125-30; Goveia 1965, 238-39.
158) Morrissey 1989, 53.
159) 西インド諸島の奴隷解放政治に関しては，Morrissey 1989, 70-71を参照されたい。
160) Beckles 1989, 84; Morrissey 1989, 73.
161) Cf. Goveia 1965, 227-27.
162) Mintz 1974a, 211, 216-17.
163) Mintz 1974a, 211.
164) Mintz 1978, 338.
165) Powell unpub, 10-11.
166) Brown 1970, 249, 256.
167) Ianni 1984, 38.「ほとんど全ての国で，黒人は白人とインディアンに次いで第二または第三の民族のように見える」。
168) Castillo et al., 1974, 191. 引用された評論集は，西インド諸島においては黒人に対して否定的な文化的態度が優勢を占めていたと主張する点で代表的なものである。See Pollak-Eltz 1974, 222; Vassoigne 1974, 205-6.
169) Cf. Massiah 1984, 43; Comhaire-Sylvain 1974, 151-53.
170) Le Franc 1989, 99, 110-11. Cf. Brown 1991, 156-58.
171) Beckles 1989, 81-87.
172) Cox 1984, 67.
173) Cox 1984, 67-68.
174) Handler 1974, 131.
175) Le Franc 1989, 108.
176) Above, see pp.93, 100.
177) Simpson 1942, 655-74; the quotation is on p.656.
178) Simpson 1942, 656-57.
179) Simpson 1942, 656. See also Brown 1991, 156-57.
180) Sudarkasa 1973, 118, 149. ヨルバランドの共同の妻は，しかし，Sdarkasa の研究したのと同じ居住区域内に住む他の男の共同の妻から実際に金を借りた。
181) De l'Orme 1972, 323; Mintz 1960, 20-24, 26-29, 36-37, 43. Cf. Chiñas 1976, 173-74, 187-88.

182) Le Franc 1989, 108. Cf. Forman and Riegelhaupt 1970, 198, 209, on Brazilian markets.
183) Vassoigne 1974, 199.
184) Vassoigne 1974, 200.
185) Le Franc 1989, 107. Cf. Forman and Riegelhaupt 1970, on Brazilian markets. In Togo, Rita Cordonnier found some retail credit for steady customers of *revendeuses*; Cordonnier 1982, 129.
186) Vassoigne 1974, 198-99.
187) Norton and Syzmanski 1975, 474-75.
188) See, for example, Safa 1986, 6.
189) Goldsmith and Blustain 1980, 94-99.
190) Le Franc 1989, 108.
191) Clark 1986, 114; Massiah 1984, 80; Goldsmith and Blustain 1980, 92-94. See also Safa 1990, 81.
192) Clarke 1986, 115.
193) Clarke 1986, 114-15.
194) 「非公式的な貯蓄計画への関わり」を計算に入れることを含め，開発計画における諸要素を再概念化するためのMassiahの興味深い計画を参照せよ．Massiah 1984, 80.
195) See the excellent remarks of Le Franc 1989, 110-23.
196) Le Franc 1989, 100.
197) Cf. Goldsmith and Blustain 1980, 107-8.
198) Massiah 1986, 184, 186, 189.
199) Staudt 1986, 200.
200) Bossen 1975, 593-99.
201) Moen et al. 1981.

結　論

1) Lelart 1978, 67-73; Von der Mehden 1968, 36, 62; and below , pp. 129-31.
2) Vélez-Ibañez 1983, 91.
3) Vélez-Ibañez 1983, 92-93.
4) Werbner 1988, 181-83, 188, 190.
5) Werbner 1988, 179.
6) Gorman 1990, 42; Nichols 1989, 142; *Business Week* 1985, 67.
7) Tebbutt 1983, 9.
8) Tebbutt 1983, 13, 31, 51-55, 121-23, 131; Hudson 1982, 77-78, 80, 84, 103.
9) Ross 未発表，44ページ．筆者はロス教授が未発表の研究を私に読ませ，

その一部を引用させて下さったことに感謝したいと思う.

10) Ross unpub., 45.

11) Cf. Tebbutt 1983, 4, 26, 28, 46, who argues that the image had improved from pre-modern times.

12) Seduro 1977, 374-79. See further on representations of this character, Lary 1986, 103.

13) Ross unpub., 45.

14) Ross unpub., 46.

15) Hudson 1982, 78.

16) Ross unpub., 43.

17) Ross unpub., 43.

18) Ross unpub., 43.

19) クレジットカードの革命に関する文献は厖大である. 役に立つ二つの研究は Krumme 1987および Mandell and Murphy 1976である.

20) クレジットカード利用の「経験」を分析したものとしては McAlister 1975を参照されたい.

21) Safa 1986, 9; Garfinkel and McLanahan 1986, 45-85.

文 献

Adalemo, Isaac. 1981. *Marketplaces in a Developing Country: The Case of Western Nigeria*. Ann Arbor, Mich.: Department of Geography, University of Michigan.

Adelman, Howard. 1991. "Rabbis and Reality: Public Activities of Jewish Women in Italy During the Renaissance and Catholic Restoration," *Jewish History*, 5: 27–40.

Adler, Michael. 1939. *The Jews of Medieval England*. London: E. Goldston.

Alexander, Jennifer. 1987. *Trade, Traders and Trading in Rural Java*. Singapore and New York: Oxford University Press.

Alexander, Paul. 1982. *Sri Lankan Fishermen: Rural Capitalism and Peasant Society*. Canberra: Australian National University Press.

Alexander, Paul, and Jennifer Alexander. 1991. "Protecting Peasants from Capitalism: The Subordination of Javanese Traders by the Colonial State," *Comparative Studies in Society and History*, 33: 370–94.

Antoun, Richard. 1968. "On the Modesty of Women in Arab Muslim Villages: A Study in the Accommodation of Traditions," *American Anthropologist*, 70: 671–97.

Archer, Rowena. 1984. "Rich Old Ladies: The Problem of Late Medieval Dowagers," in *Property and Politics: Essays in Later Medieval English History*, ed. T. Pollard. Gloucester and New York: St. Martin's Press. Pp. 15–35.

Ardayfio, Elizabeth. 1985. "Women and Urban Marketing in Ghana," in *Women Creating Wealth: Transforming Economic Development*, ed. R. Gallin and A. Spring. Washington, D.C.: Association for Women in Development. Pp. 149–52.

Aristophanes. [1972]. *Thesmophoriazusae*. Loeb Classical Library Series: *Aristophanes*, III. Cambridge, Mass., and London: Harvard University Press.

Arnold, Rosemary. 1957. "Separation of Trade and Market: Great Market of Whydah," in *Trade and Market in the Early Empires: Economies in History and Theory*, ed. K. Polanyi et al. Glencoe, Ill.: Free Press. Pp. 177–87.

Ashton, Robert. 1960. "Usury and High Finance in the Age of Shakespeare and Jonson," *Renaissance and Modern Studies*, 4: 14–43.

Assis, Yom Tov. 1988. *The Jews of Santa Coloma de Queralt: An Economic and Demographic Study of a Community at the End of the Thirteenth Century*. Jerusalem: Magnes Press (Hebrew University).

Austin, M., and P. Vidal-Naquet. 1977. *Economic and Social History of Ancient Greece: An Introduction*. Berkeley: University of California Press.

Baldwin, John W. 1970. *Masters, Princes, and Merchants: The Social Views of Peter the Chanter and His Circle*. 2 vols. Princeton, N.J.: Princeton University Press.

Bangun, Masliana. 1981. "The Advantages of Functional Education and Credit Facilities for Javanese Rural Women," in *The Endless Day: Some Case Material on Asian Rural Women*, ed. T. Scarlett Epstein and Rosemary A. Watts. Oxford and elsewhere: Pergamon Press. Pp. 128–54.

Barth, Fredrik. 1988. *Human Resources: Social and Cultural Features of the Jebel Marra Project Area*. Bergen: Department of Social Anthropology, University of Bergen.

Bashan, Eliezer. 1989. "Jewish Moneylending in Constantinople and Smyrna During the 17th–18th Centuries as Reflected in the British Levant Company's Archives," in *The Mediterranean and the Jews: Banking, Finance and International Trade (XVI–XVIII Centuries)*, ed. Ariel Toaff and Simon Schwarzfuchs. Ramat-Gan: Bar-Ilan University Press. Pp. 57–73.

Baskin, Judith. 1991. "Some Parallels in the Education of Medieval Jewish and Christian Women," *Jewish History*, 5: 41–51.

Baum, Hans-Peter. 1985. "Annuities in Late Medieval Hanse Towns," *Business History Review*, 59: 24–48.

Bautier, Robert-Henri. 1981. "'Clercs mécaniques' et 'clercs marchands' dans la France du XIIIe siècle," *Académie des Inscriptions et Belles-Lettres: Comptes-Rendus*. Pp. 209–42.

Bavinck, Maarten. 1984. *Small Fry: The Economy of Petty Fishermen in Northern Sri Lanka*. Amsterdam: Free University Press.

Beachcroft, G., and A. Sabin. 1938. *Two Compotus Rolls of Saint Augustine's Abbey, Bristol*. Bristol: Bristol Record Society.

Beals, Ralph. 1975. *The Peasant Marketing System of Oaxaca, Mexico*. Berkeley. University of California Press.

Beckles, Hilary. 1989. *Natural Rebels: A Social History of Enslaved Black Women in Barbados*. London: Zed Press.

Berman, Constance. 1982. "Land Acquisition and the Use of the Mortgage Contract by the Cistercians of Berdoues," *Speculum*, 57: 250–66.

Biget, Jean-Louis. 1970. "Aspects du crédit dans l'Albigeois à la fin du XIIIe siècle," *Fédération des sociétés académiques et savantes de Languedoc, Pyrenées, Gascogne: Actes du XXVIe Congrès* . Pp. 1–50.

Bohannon, Paul, and George Dalton, eds. 1962. *Markets in Africa*. Evanston, Ill.: Northwestern University Press.

Bonazzoli, Viviana. 1987. "Ebrei italiani, portoghesi, levantini sulla piazza commerciale di Ancona intorno alla metà del Cinquecento," in *Gli Ebrei e Venezia: secoli XIV–XVIII*, ed. Gaetano Cozzi. Milan: Edizioni Comunità. Pp. 727–70.

Bonetti, Carlo. 1982/1917. *Gli Ebrei a Cremona, 1278–1630*. Cremona. Tipografica "Buona Stampa." Reprint Bologna: A Forni.

Boserup, Ester. 1970. *Woman's Role in Economic Development*. London: Allen and Unwin.

Bossen, Laurel. 1975. "Women in Modernizing Societies," *American Ethnologist*, 2: 587–601.

Bowers, Richard. 1983. "From Rolls to Riches: King's Clerks and Moneylending in Thirteenth-Century England," *Speculum*, 58: 60–71.
Braunstein, Philippe. 1987. "Le Prêt sur gage à Padoue et dans le Padouan au milieu du XVe siècle," in *Gli Ebrei e Venezia: secoli XIV–XVIII*, ed. Gaetano Cozzi. Milan: Edizioni Comunità. Pp. 651–69.
Britnell, R. H. 1986. *Growth and Decline in Colchester, 1300–1525*. Cambridge: Cambridge University Press.
Brodsky, Vivien. 1986. "Widows in Late Elizabethan London: Remarriage, Economic Opportunity and Family Orientations," in *The World We Have Gained: Histories of Population and Social Structure*, ed. Lloyd Bonfield et al. Oxford: Basil Blackwell. Pp. 122–54.
Brown, Karen. 1991. *Mama Lola: A Vodou Priestess in Brooklyn*. Berkeley: University of California Press.
Brown, Keith. 1989. "Noble Indebtedness in Scotland between the Reformation and the Revolution," *Bulletin of the Institute of Historical Research*, 62: 260–75.
Brown, Paula. 1970. "*Minge-Money*: Economic Change in the New Guinea Highlands," *Southwestern Journal of Anthropology*, 26: 242–60.
Brown, W. Newman. 1984. "The Receipt of Poor Relief and Family Situation: Aldenham, Hertfordshire 1630–90," in *Land, Kinship and Life-Cycle*, ed. Richard M. Smith. Cambridge: Cambridge University Press. Pp. 405–22.
Buck, Mark. 1983. *Politics, Finance and the Church in the Reign of Edward II: Walter Stapledon, Treasurer of England*. Cambridge: Cambridge University Press.
Burton, Janet. 1979. *The Yorkshire Nunneries in the Twelfth and Thirteenth Centuries*. Borthwick Papers, No. 56.
Bush, Barbara. 1990. *Slave Women in Caribbean Society: 1650–1838*. Kingston and elsewhere: Heinemann Caribbean; Bloomington: Indiana University Press.
Business Week. 1985. Editorial Comment. 16 September. P. 67.
Buvinić, Mayra, and Sally Yudelman. 1989. *Women, Poverty and Progress in the Third World*. New York: Foreign Policy Association.
Caritas Pirckheimer. 1982. *Caritas Pirckheimer 1467–1532. Eine Ausstellung der katholischen Stadtkirche Nürnberg*. Munich: Prestel-Verlag.
Carpenter, David. 1980. "Was There a Crisis of the Knightly Class in the Thirteenth Century? The Oxfordshire Evidence," *English Historical Review*, 95: 721–52.
Carsten, Janet. 1989. "Cooking Money: Gender and the Symbolic Transformation of Means of Exchange in a Malay Fishing Community," in *Money and the Morality of Exchange*, ed. J. Parry and M. Bloch. Cambridge: Cambridge University Press. Pp. 94–116.
Cassard, J.-C. 1984. "Les Premiers immigrés," *Médiévales*, No. 6: 85–94.
Casson, Lionel. 1984. *Ancient Trade and Society*. Detroit: Wayne State University Press.
———. 1989. *The* Periplus Maris Erythraei: *Text with Introduction, Translation, and Commentary*. Princeton, N.J.: Princeton University Press.
Cassuto, Umberto. 1918. *Gli Ebrei a Firenze nell'età del Rinascimento*. Florence: Galletti e Cocci.

Castellani, Christian. 1972. "Le Rôle économique de la communauté juive de Carpentras au début du XVe siècle," *Annales: ESC*, 27: 583–611.

Castillo, Luciano, et al. 1974. "Réflexions sur la femme noire en République Dominicaine," in *La Femme de couleur en Amérique latine*, ed. Roger Bastide. Paris: Éditions Anthropos. Pp. 171–91.

Ceesay-Marenah, Coumba. 1982. "Women's Cooperative Thrift and Credit Societies: An Element of Women's Programs in the Gambia," in *Women and Work in Africa*, ed. Edna G. Bay. Boulder, Colo.: Westview Press Pp. 289–95.

Charlton, Sue Ellen M., Jana Everett, and Kathleen Staudt, eds. 1989. *Women, the State, and Development*. Albany: State University of New York Press.

Chédeville, André. 1973. *Chartres et ses campagnes XIe–XIIIe s.*. Paris: Klincksieck.

Chiñas, Beverly. 1976. "Zapotec *Viajeras*," in *Markets in Oaxaca*, ed. S. Cook and M. Diskin. Austin, Tex., and London: University of Texas Press. Pp. 169–88.

Chiuppani, Giovanni. 1977/1907. *Gli Ebrei a Bassano*. Bassano: Pozzato. Reprint Bologna: A. Forni.

Cho, Haejong. 1983. "The Autonomous Women: Divers in Cheju Island," in *Korean Women: View from the Inner Room*, ed. Laurel Kendall and Mark Peterson. New Haven, Conn.: East Rock Press. Pp. 81–95.

Chomel, Vital. 1951–1952. "Communautés rurales et 'casanes' lombardes en Dauphiné (1346): Contribution au problème de l'endettement dans les sociétés paysannes du sud-est de la France au bas moyen âge," *Bulletin philologique et historique*. Pp. 225–47.

Ciscato, Antonio. 1967/1901. *Gli Ebrei in Padova (1300–1800)*. Padua: Società Cooperativa Tipografica. Reprint Bologna: A. Forti.

Clark, Alice. 1982/1919. *Working Life of Women in the Seventeenth Century*. London: Routledge and Kegan Paul.

Clark, Elaine. 1981. "Debt Litigation in a Late Medieval English Vill," in *Pathways to Medieval Peasants*, ed. J. Raftis. Toronto: Pontifical Institute of Mediaeval Studies. Pp. 247–79.

Clarke, Julian. 1981. "Households and the Political Economy of Small-Scale Cash Crop Production in South-Western Nigeria," *Africa: Journal of the International African Institute*, 51: 807–23.

Clarke, Roberta. 1986. "Women's Organisations, Women's Interests," *Social and Economic Studies*, 35: 107–55.

Clarkson, Leslie. 1971. *The Pre-Industrial Economy in England, 1500–1750*. London: Batsford.

Cochard, Théophile. 1976/1895. *La Juiverie d'Orléans*. Orléans. H. Herluison. Reprint Marseille: Laffitte.

Cohen, Esther. 1980. "Patterns of Crime in Fourteenth-Century Paris," *French Historical Studies*, 11: 307–27.

Cohen, Sherill. 1985. "The Convertite and the Malmaritate: Women's Institutions, Prostitution, and the Family in Counter-Reformation Florence." Unpublished Ph. D. dissertation, Princeton University.

Colafemmina, Cesare. 1989. "The Commercial and Banking Activities of the Jews of Bari during the Spanish Vice-Regency," in *The Mediterranean and the Jews: Banking, Finance and International Trade (XVI–XVIII Centuries)*, ed.

Ariel Toaff and Simon Schwarzfuchs. Ramat-Gan: Bar-Ilan University Press. Pp. 105–21.
Coles, Catherine. 1991. "Hausa Women's Work in a Declining Urban Economy: Kaduna, Nigeria, 1980–1985," in *Hausa Women in the Twentieth Century*, ed. Catherine Coles and Beverly Mack. Madison: University of Wisconsin Press. Pp. 163–91.
Collins, James. 1989. "The Economic Role of Women in Seventeenth-Century France," *French Historical Studies*, 16: 436–70.
Comhaire-Sylvain, Suzanne. 1974. "La Paysanne de la région de Kenscoff (Haïti)," in *La Femme de couleur en Amérique latine*, ed. Roger Bastide. Paris: Éditions Anthropos. Pp. 149–70.
———. 1982. *Femmes de Lomé*. Bandundu: Ceeba.
Comhaire-Sylvain, Suzanne, and J. Comhaire-Sylvain. 1964. "A Statistical Note on the Kenscoff Market System, Haiti," *Social and Economic Studies*, 13: 397–404.
Conyers, Angela, ed. 1973. *The Wiltshire Extents for Debts: Edward I–Elizabeth I*. Devizes: Wiltshire Record Society.
Cordonnier, Rita. 1982. *Femmes africaines et commerce: Les Revendeuses de tissu de la ville de Lomé (Togo)*. Paris: Éditions l'Harmattan.
Coulet, Noël. 1978. "Autour d'un quinzain des métiers de la communauté juive d'Aix en 1437," in *Actes de la Table Ronde du G. I. S. méditerranée*, Abbaye de Senanque.
Cox, Edward. 1984. *Free Coloreds in the Slave Societies of St. Kitts and Grenada, 1763–1833*. Knoxville: University of Tennessee Press.
Crémieux, Adolphe. 1903. "Les Juifs de Marseille au moyen-âge," *Revue des études juives*, 46: 1–47, 246–68.
Crummey, Robert. 1970. *The Old Believers and the World of Antichrist: The Vyg Community and the Russian State, 1694–1855*. Madison: University of Wisconsin Press.
D'Arms, John H. 1981. *Commerce and Social Standing in Ancient Rome*. Cambridge, Mass.: Harvard University Press.
Davies, Wendy. 1988. *Small Worlds: The Village Community in Early Medieval Brittany*. Berkeley and Los Angeles: University of California Press.
Davis, Myer. 1888. *Shetaroth: Hebrew Deeds of English Jews Before 1290*. London: Office of the "Jewish Chronicle."
Day, Gerald. 1980. "The Lay Attitude Toward Savigny in the Ages of Philip Augustus," *Analecta Cisterciensia*, 30: 103–28.
Delisle, Léopold. 1969/1851. *Études sur la condition de la classe agricole et l'état de l'agriculture en Normandie*. Evreux: Hérissey. Reprint New York: B. Franklin.
De l'Orme, Jean-Claude. 1972. "Les Transformations économiques et sociales d'un marché martiniquais," in *L'Archipel inachevé: Culture et société aux Antilles françaises*, ed. Jean Benoist. Montreal: Presses de l'Université de Montréal. Pp. 321–34.
De Roover, Raymond. 1948. *Money, Banking and Credit in Mediaeval Bruges: Italian Merchant-Bankers, Lombards, and Money-Changers*. Cambridge, Mass.: Medieval Academy of America.

Desjardins, Alphonse. 1914. *The Cooperative People's Bank*. New York: Russell Sage Foundation.
Dillard, Heath. 1984. *Daughters of the Reconquest: Women in Castilian Town Society, 1100–1300*. Cambridge: Cambridge University Press.
Dobson, R. B. 1974. *The Jews of Medieval York and the Massacre of March 1190*. Borthwick Papers, No. 45.
Duby, Georges, and Armand Wallon, eds. 1975–1976. *Histoire de la France rurale*. 4 vols. Paris: Seuil.
Duggan, Lawrence. 1983. "Melchior von Meckau: A Missing Link in the Eck Zins-Disputes of 1514–1516?" *Archiv für Reformationsgeschichte*, 74: 25–37.
———. 1989. "Zur Bedeutung des spätmittelalterlichen Kreditsystems für die frühneuzeitliche deutsche Geschichte," in *Stände und Gesellschaft im alten Reich*, ed. Georg Schmidt. Stuttgart: Franz Steiner Verlag.
Economist. 1990. "Women's Value, Men's Worth." 10 November. P. 54.
Edwards, John. 1988. *The Jews in Christian Europe, 1400–1700*. London and New York: Routledge.
Elman, Peter. 1939. "Jewish Trade in Thirteenth Century England," *Historica judaica*, 1: 91–104.
Elvey, G. R., ed. 1975. *Luffield Priory Charters, Part II*. Welwyn Garden City: Buckinghamshire Record Society.
Embree, John F. 1969/1939. *Suye Mura: A Japanese Village*. Chicago: University of Chicago Press.
Emery, Richard. 1959. *The Jews of Perpignan in the Thirteenth Century*. New York: Columbia University Press.
Ennen, Edith. 1985. *Frauen im Mittelalter*. Munich: C. H. Beck.
Erler, Mary, and Maryanne Kowaleski, eds. 1988. *Women and Power in the Middle Ages*. Athens: University of Georgia Press.
Everett, Jana. 1989. "Incorporation versus Conflict: Lower Class Women, Collective Action, and the State in India," in *Women, the State and Development*, ed. Sue Ellen M. Charlton, Jana Everett, and Kathleen Staudt. Albany: State University of New York Press. Pp. 152–76.
Everett, Jana, and Mira Savara. 1985. "Institutional Credit for Female Petty Commodity Producers in India," in *Women Creating Wealth: Transforming Economic Development*, ed. R. Gallin and A. Spring. Washington, D.C.: Association for Women in Development. Pp. 143–48.
Faroqhi, Suraiya. 1984. *Towns and Townsmen of Ottoman Anatolia: Trade, Crafts and Food Production in an Urban Setting, 1520–1650*. Cambridge: Cambridge University Press.
———. 1987. *Men of Modest Substance: House Owners and House Property in Seventeenth-Century Ankara and Kayseri*. Cambridge: Cambridge University Press.
Feldman, Rayah. 1983. "Women's Groups and Women's Subordination: An Analysis of Policies Towards Rural Women in Kenya," *Review of African Political Economy*, nos. 27/28: 67–85.
Finley, Moses. 1952. *Studies in Land and Credit in Ancient Athens, 500–200 B.C.: The* Horos-*Inscriptions*. New Brunswick, N. J.: Rutgers University Press.

———. 1983. *Economy and Society in Ancient Greece*, ed. Brent D. Shaw and Richard D. Saller. Harmondsworth: Penguin.
Firth, Raymond. 1959. *Economics of the New Zealand Maori*. 2nd ed. Wellington: R. E. Owen, Government Printer.
———. 1965. *Primitive Polynesian Economy*. 2nd ed. London: Routledge and Kegan Paul.
———. 1966, 1946. *Malay Fishermen: Their Peasant Economy*. Hamden, Conn.: Archon Books.
Fischer, Henry. 1989. "Women in the Old Kingdom and the Heracleopolitan Period," in *Women's Earliest Records from Ancient Egypt and Western Asia*, ed. Barbara S. Lesko. Atlanta: Scholars Press. Pp. 5–30.
Forde, Daryll, and Mary Douglas. 1967. "Primitive Economics," in *Tribal and Peasant Economies*, ed. George Dalton. Garden City, N.Y.: Natural History Press. Pp. 13–28.
Forman, Shepard, and Joyce Riegelhaupt. 1970. "Market Place and Marketing System: Toward a Theory of Peasant Economic Integration," *Comparative Studies in Society and History*, 12: 188–212.
Fortmann, Louise. 1982. "Women's Work in a Communal Setting: The Tanzanian Policy of *Ujamaa*," in *Women and Work in Africa*, ed. Edna G. Bay. Boulder, Colo.: Westview Press. Pp. 191–205.
Fossier, Robert. 1988. *Peasant Life in the Medieval West*. Tr. J. Vale. Oxford: Basil Blackwell.
Foster, George, assisted by Gabriel Ospina. 1948. *Empire's Children: The People of Tzintzuntzan*. Smithsonian Institution: Institute of Social Anthropology, No. 6. Washington, D.C.: Smithsonian Institution.
Franklin, Peter. 1986. "Peasant Widows' 'Liberation' and Remarriage Before the Black Death," *Economic History Review*, 39: 186–204.
Franklin, Simon. 1985. "Literacy and Documentation in Early Medieval Russia," *Speculum*, 60: 1–38.
Fröhlich, Willy. 1982/1940. *The African Market System*. Tr. C. Good. Vancouver: Tantalus Research.
Gampel, Benjamin. 1989. *The Last Jews on Iberian Soil: Navarrese Jewry 1479/1498*. Berkeley: University of California Press.
Garfinkel, Irwin, and Sara McLanahan. 1986. *Single Mothers and Their Children: A New American Dilemma*. Washington, D.C.: Urban Institute Press.
Gasparri, Françoise. 1973–1974. "Les Juifs d'Orange (1311–1380) d'après les archives notariales," *Archives juives*, 10: 22–24.
Geertz, Clifford. 1961–1962. "The Rotating Credit Association: A 'Middle Rung' in Development," *Economic Development and Cultural Change*, 10: 241–63.
Geiges, Franziska. 1980. *Das Benedikterinnen-Kloster Frauenalb von den Anfängen bis zur Reformation*. Frankfurt-am-Main: Peter Lang.
Généstal, Robert. 1901. *Le Rôle des monastères comme établissements de crédit*. Paris: Arthur Rousseau.
Gerber, Haim. 1981. "Jews and Money-Lending in the Ottoman Empire," *Jewish Quarterly Review*, 72: 100–118.

Gilchrist, John Thomas. 1969. *The Church and Economic Activity During the Middle Ages*. London: Macmillan.
Gillin, John Philip. 1947. *Moche: A Peruvian Coastal Community*. Smithsonian Institution, Institute of Social Anthropology, No. 3. Washington, D.C.: Smithsonian Institution.
Goitein, S. D. 1967–1988. *A Mediterranean Society: The Jewish Communities of the Arab World as Portrayed in the Documents of the Cairo Geniza*. 5 vols. Berkeley: University of California Press.
Goldberg, P. J. P. 1986. "Female Labor, Service and Marriage in the Late Medieval Urban North," *Northern History*, 22: 18–38.
Goldsmith, Arthur, and Harvey Blustain. 1980. *Local Organization and Participation in Integrated Rural Development in Jamaica*. Ithaca, N. Y.: Rural Development Committee, Cornell University.
Gordon, Derek. 1989. "Women, Work and Social Mobility in Post-War Jamaica," in *Women and the Sexual Division of Labour*, ed. Keith Hart. Kingston: Consortium Graduate School of Social Sciences. Pp. 67–80.
Gordon, Elizabeth. 1980–1981. "An Analysis of the Impact of Labour Migration on the Lives of Women in Lesotho," *Journal of Development Studies*, 17: 59–76.
Gorman, Christine. 1990. "Giving Credit Where It's Overdue," *Time*, 135: 42.
Gough, Kathleen. 1981. *Rural Society in Southeast India*. Cambridge: Cambridge University Press.
Goveia, Elsa. 1965. *Slave Society in the British Leeward Islands at the End of the Eighteenth Century*. New Haven and London: Yale University Press.
Gullickson, Gay. 1986. *Spinners and Weavers of Auffay: Rural Industry and the Sexual Division of Labor in a French Village, 1750–1850*. Cambridge: Cambridge University Press.
Haagen, Paul. 1986. "Imprisonment for Debt in England and Wales." Unpublished Ph. D. dissertation, Princeton University.
Hafter, Daryl. 1985. "Artisans, Drudges, and the Problem of Gender in Pre-Industrial France," in *Science and Technology in Medieval Society*, ed. Pamela O. Long. Annals of the New York Academy of Sciences, 441. New York: New York Academy of Sciences. Pp. 71–87.
Hanawalt, Barbara. 1986. *The Ties That Bound: Peasant Families in Medieval England*. New York and Oxford: Oxford University Press.
Handler, Jerome. 1974. *The Unappropriated People: Freedmen in the Slave Society of Barbados*. Baltimore and London: Johns Hopkins University Press.
Handwerker, W. Penn. 1980. "Market Places, Travelling Traders, and Shops: Commercial Structural Variation in the Liberian Interior Prior to 1940," *African Economic History*, 9: 3–26.
Hansen, Karen. 1989. "The Black Market and Women Traders in Lusaka, Zambia," in *Women and the State in Africa*, ed. Jane L. Parpart and Kathleen A. Staudt. Boulder, Colo., and London: L. Rienner. Pp. 143–60.
Harris, Rivkah. 1989. "Independent Women in Ancient Mesopotamia," in *Women's Earliest Records from Ancient Egypt and Western Asia*, ed. Barbara S. Lesko. Atlanta: Scholars Press. Pp. 145–65.
Harriss, Barbara. 1980. "Money and Commodities, Monopoly and Competition,"

in *Borrowers and Lenders: Rural Financial Markets and Institutions in Developing Countries*, ed. J. Howell. London: Overseas Development Institute. Pp. 107–29.
Hart, Keith. 1970. "Small-Scale Entrepreneurs in Ghana and Development Planning," *Journal of Development Studies*, 6: 104–20.
———. 1982. *The Political Economy of West African Agriculture*. Cambridge: Cambridge University Press.
———. 1989a. "Introduction," in *Women and the Sexual Division of Labour*, ed. Keith Hart. Kingston: Consortium Graduate School of Social Sciences. Pp. 1–8.
———. 1989b. "The Sexual Division of Labour," in ibid., pp. 9–27.
Hay, Margaret. 1976. "Luo Women and Economic Change During the Colonial Period," in *Women in Africa: Studies in Social and Economic Change*, ed. Nancy J. Hafkin and Edna G. Bay. Stanford, Calif.: Stanford University Press. Pp. 87–109.
Henneman, John. 1971. *Royal Taxation in Fourteenth Century France: The Development of War Financing, 1322–1356*. Princeton, N.J.: Princeton University Press.
Herlihy, David. 1990. Opera Muliebria: *Women and Work in Medieval Europe*. New York: McGraw-Hill.
Herskovits, Melville. 1975/1937. *Life in a Haitian Valley*. New York: Knopf. Reprint New York: Octagon Books.
Herskovits, Melville, and Frances Herskovits. 1964/1947. *Trinidad Village*. New York: Knopf. Reprint New York: Octagon Books.
Hill, Polly. 1970a. *The Occupations of Migrants in Ghana*. Ann Arbor, Mich.: Museum of Anthropology, University of Michigan.
———. 1970b. *Studies in Rural Capitalism in West Africa*. Cambridge: Cambridge University Press.
———. 1972. *Rural Hausa: A Village and a Setting*. Cambridge: Cambridge University Press.
———. 1986. *Development Economics on Trial: The Anthropological Case for a Prosecution*. Cambridge: Cambridge University Press.
Hilton, Rodney. 1975. *The English Peasantry in the Later Middle Ages*. Oxford: Clarendon Press.
———. 1982. "Lords, Burgesses and Hucksters," *Past and Present*, no. 97, November 1982, 3–15.
———. 1992. *English and French Towns in Feudal Society: A Comparative Study*. Cambridge: Cambridge University Press.
Himmelstrand, Karin. 1990. "Can an Aid Bureaucracy Empower Women," in *Women, International Development, and Politics*, ed. Kathleen Staudt. Philadelphia: Temple University Press. Pp. 101–13.
Hodder, B. W., and U. I. Ukwu. 1969. *Markets in West Africa: Studies of Markets and Trade Among the Yoruba and Ibo*. Ibadan: Ibadan University Press.
Hodges, Richard. 1988. *Primitive and Peasant Markets*. Oxford: Basil Blackwell.
Hoffman, Philip T., Gilles Postel-Vinay, and Jean-Laurent Rosenthal. 1992. "Private Credit Markets in Paris, 1690–1840," *Journal of Economic History*, 52: 293–306.

Holderness, B. A. 1976. "Credit in English Rural Society Before the Nineteenth Century," *Agricultural History Review*, 24: 97–109.

———. 1981. "The Clergy as Money-Lenders in England, 1550–1700," in *Princes and Paupers in the English Church, 1500–1800*, ed. Rosemary O'Day and Felicity Heal. Leicester: Leicester University Press. Pp. 195–209.

———. 1984. "Widows in Pre-Industrial Society: An Essay upon Their Economic Functions," in *Land, Kinship and Life-Cycle*, ed. Richard M. Smith. Cambridge: Cambridge University Press. Pp. 423–42.

Hopkins, Anthony. 1973. *An Economic History of West Africa*. New York: Columbia University Press.

Howell, John, and Dale Adams. 1980. "Introduction," in *Borrowers and Lenders: Rural Financial Markets and Institutions in Developing Countries*, ed. John Howell. London: Overseas Development Institute. Pp. 1–12.

Huang, Ray. 1981. *1587, A Year of No Significance: The Ming Dynasty in Decline*. New Haven and London: Yale University Press.

Hudson, Kenneth. 1982. *Pawnbroking: An Aspect of British Social History*. London: Bodley Head.

Hufton, Olwen. 1975. "Women and the Family Economy in Eighteenth-Century France," *French Historical Studies*, 9: 1–22.

Hundert, Gershon. 1987. "The Role of the Jews in Commerce in Early Modern Poland-Lithuania," *Journal of European Economic History*, 16: 245–75.

Hutton, Diane. 1985. "Women in Fourteenth Century Shrewsbury," in *Women and Work in Pre-Industrial England*, ed. Lindsey Charles and Lorna Duffin. London: Croom Helm. Pp. 83–99.

Ianni, Octavio. 1984. "Social Organization and Alienation," in *Africa in Latin America: Essays on History, Culture, and Socialization*, ed. M. Moreno Fraginals. Tr. Leonor Blum. New York and Paris: Holmes and Meier. Pp. 38–57.

Ifeka, Caroline. 1989. "Women in Fisheries. Why Women Count: Prospects for Self-Reliant Fisheries Development in the South Pacific Compared to the Indian Ocean," in *Development and Social Change in the Pacific Islands*, ed. A. D. Couper. London and New York: Routledge. Pp. 89–114.

Irsigler, Franz. 1981. "Juden und Lombarden am Niederrhein im 14. Jahrhundert," in *Zur Geschichte der Juden im Deutschland des späten Mittelalters und der frühen Neuzeit*, ed. Alfred Haverkamp. Stuttgart: A. Hiersemann. Pp. 122–62.

Jacobsen, Grethe. 1983. "Women's Work and Women's Role: Ideology and Reality in Danish Urban Society," *Scandinavian Economic History Review*, 31: 3–20.

Jacoby, David. 1989. "New Evidence on Jewish Bankers in Venice and the Venetian Terraferma (c. 1450–1550)," in *The Mediterranean and the Jews: Banking, Finance and International Trade (XVI–XVIII Centuries)*, ed. Ariel Toaff and Simon Schwarzfuchs. Ramat-Gan: Bar-Ilan University Press. Pp. 151–78.

Jarck, Horst-Rüdiger, ed. 1982. *Urkundenbuch des Klosters Rinteln, 1224–1563*. Rinteln: Bosendahl.

Jarvis, Rupert. 1969. "Eighteenth-Century London Shipping," in *Studies in London History Presented to Philip Edmund Jones*, ed. A. E. J. Hollaender and William Kellaway. London: Hodder and Stoughton. Pp. 403–25.

Jeffrey, Peter. 1981. "A Bidding Prayer for Reconciliation," *Ephemerides liturgicae*, 95: 351–56.

Jehel, Georges. 1975. "Le Rôle des femmes et du milieu familial à Gênes dans les activités commerciales au cours de la première moitié du XIIIe siècle," *Revue d'histoire économique et sociale*, 53: 193–215.
Jemmali, Slaheddine. 1986. *Les Souks hébdomaires du Cap Bon (étude sociale et économique)*. Tunis: Maison Tunisienne de l'Édition.
Jenks, Stuart. 1978. "Judenverschuldung und Verfolgung von Juden im 14. Jahrhundert: Franken bis 1349," *Vierteljahrschrift für Sozial- und Wirtschaftsgeschichte*, 65: 309–55.
Jennings, Ronald. 1973. "Loans and Credit in Early 17th Century Ottoman Judicial Records: The Sharia Court of Anatolian Kayseri," *Journal of the Economic and Social History of the Orient*, 16: 168–216.
———. 1975. "Women in Early 17th Century Ottoman Judicial Records—The Sharia Court of Anatolian Kayseri," *Journal of the Economic and Social History of the Orient*, 18: 53–114.
———. 1978. "Zimmis (Non-Muslims) in Early 17th Century Ottoman Judicial Records: The Sharia Court of Anatolian Kayseri," *Journal of the Economic and Social History of the Orient*, 21: 225–93.
Johnny, Michael. 1985. *Informal Credit for Integrated Rural Development in Sierra Leone*. Hamburg: Verlag Weltarchiv.
Johnson, Cheryl. 1986. "Class and Gender: A Consideration of Yoruba Women During the Colonial Period," in *Women and Class in Africa*, ed. Claire Robertson and Iris Berger. New York and London: African Publishing. Pp. 237–54.
Jones, Norman. 1989. *God and the Moneylenders: Usury and Law in Early Modern England*. Oxford: Basil Blackwell.
Jordan, William Chester. 1978. "Jews on Top: Women and the Availability of Consumption Loans in Northern France in the Mid-Thirteenth Century," *Journal of Jewish Studies*, 29: 39–56.
———. 1979. "Jewish-Christian Relations in Mid-Thirteenth Century France: An Unpublished *Enquête* from Picardy," *Revue des études juives*, 138: 47–55.
———. 1981. "Communal Administration in France, 1257–1270: Problems Discovered and Solutions Imposed," *Revue belge de philologie et d'histoire*, 59: 1981.
———. 1983. "An Aspect of Credit in Picardy in the 1240s," *Revue des études juives*, 142: 141–52.
———. 1986. *From Servitude to Freedom: Manumission in the Sénonais in the Thirteenth Century*. Philadelphia: University of Pennsylvania Press.
———. 1988. "Women and Credit in the Middle Ages: Problems and Directions," *Journal of European Economic History*, 17: 33–62.
———. 1989. *The French Monarchy and the Jews: From Philip Augustus to the Last Capetians*. Philadelphia: University of Pennsylvania Press.
Karve, Irawati, and Hemalata Acharya. 1970. *The Role of Weekly Markets in the Tribal, Rural and Urban Setting*. Poona: S. M. Katre.
Kazgan, Gülten. 1981. "Labour Force Participation, Occupational Distribution, Educational Attainment and the Socio-Economic Status of Women in the Turkish Economy," in *Women in Turkish Society*, ed. N. Abadan-Unat. Leiden: Brill. Pp. 131–59.
Kendall, Laurel, and Mark Peterson. 1983. "'Traditional Korean Women'—A Re-

consideration," in *Korean Women: View from the Inner Room*, ed. Laurel Kendall and Mark Peterson. New Haven, Conn.: East Rock Press. Pp. 5–21.
King, Peter. 1985. *The Finances of the Cistercian Order in the Fourteenth Century*. Kalamazoo, Mich.: Cistercian Publications.
Kirschenbaum, Aaron. 1985. "Jewish and Christian Theories of Usury in the Middle Ages," *Jewish Quarterly Review*, 75: 270–89.
Kirshner, Julius. 1978. *Pursuing Honor While Avoiding Sin: The Monte Delle Doti of Florence*. Milan: A. Guiffré.
Kist, Johannes. 1929. *Das Klarissenkloster in Nürnberg bis zum Beginn des 16. Jahrhunderts*. Nuremberg: Sebaldus-Verlag.
Kohn, Roger S. 1982. "Les Juifs de la France du Nord à travers les archives du Parlement de Paris (1359?-1394)," *Revue des études juives*, 141: 5–138.
———. 1988. *Les Juifs de la France du Nord dans la seconde moitié du XIVe siècle*. Louvain and Paris: E. Peeters.
Komlos, John, and Richard Landes. 1991. "Anachronistic Economics: Grain Storage in Medieval England," *Economic History Review*, 44: 36–45.
Koponen, Juhani. 1988. *People and Production in Late Precolonial Tanzania: History and Structures*. Jyväskylä: Finnish Society for Development Studies.
Kriegel, Maurice. 1979. *Les Juifs à la fin du moyen âge*. Paris: Hachette.
Krumme, Dwane. 1987. *Banking and the Plastic Card*. Washington, D.C.: American Bankers Association.
Kurtz, Donald. 1974. "Peripheral and Transitional Markets: The Aztec Case," *American Ethnologist*, 1: 685–705.
Lacey, Kay. 1985. "Women and Work in Fourteenth and Fifteenth Century London," in *Women and Work in Pre-Industrial England*, ed. Lindsey Charles and Lorna Duffin. London: Croom Helm. Pp. 24–82.
Ladipo, Patricia. 1981. "Developing Women's Cooperatives: An Experiment in Rural Nigeria," in *African Women in the Development Process*, ed. Nici Nelson. London: F. Cass. Pp. 123–36.
Langholm, Odd. 1984. *The Aristotelian Analysis of Usury*. Bergen and elsewhere: Universitetsforlaget.
Langlois, Charles-Victor. 1887. *Le Regne de Philippe III le Hardi*. Paris: Hachette.
Langmuir, Gavin. 1960. "'Judei nostri' and Capetian Legislation," *Traditio*, 16: 203–39.
Lary, N. M. 1986. *Dostoevsky and Soviet Film: Visions of Demonic Realism*. Ithaca, N. Y., and London: Cornell University Press.
Lavoie, Rodrigue. 1973. "Endettement et pauvreté en Provence d'après les listes de la justice comtale XIVe–XVe s.," *Provence historique*, 23: 201–16.
Lavrin, Asunción. 1973. "La Riqueza de los conventos de monjas en Nueva España: Estructura y evolución durante el siglo XVIII," *Cahiers des Ameriques latines*, 2 semester, 1973, 91–122.
———. 1979–1980. "La Congregación de San Pedro—una cofradía urbana del México colonial—1604–1730," *Historia mexicana*, 29: 562–601.
———. 1985. "El Capital eclesiástico y las elites sociales en Nueva España a fines del siglo XVIII," *Mexican Studies/Estudios mexicanos*, 1: 1–28.
Le Franc, Elsie. 1989. "Petty Trading and Labour Mobility: Higglers in the Kings-

ton Metropolitan Area," in *Women and the Sexual Division of Labour*, ed. K. Hart. Kingston: Consortium Graduate School of Social Sciences. Pp. 99–132.

Le Goff, Jacques. 1986. *La Bourse et la vie: Économie et religion au moyen âge*. Paris: Hachette.

———. 1988. *Your Money or Your Life: Economy and Religion in the Middle Ages*. Tr. Patricia Ranum. New York: Zone Books.

Lehoux, Françoise. 1956. "Le Duc de Berri, les juifs et les Lombards," *Revue historique*, 215: 38–57.

Lelart, M. 1978. "L'Endettement du paysan et le crédit rural aux Philippines," *Études rurales*, no. 69: 51–79.

Lemire, Beverley. 1988. "Consumerism in Preindustrial and Early Industrial England: The Trade in Secondhand Clothes," *Journal of British Studies*, 27: 1–24.

Leroy, Béatrice. 1985. *The Jews of Navarre in the Late Middle Ages*. Tr. Jeffrey Green. Jerusalem: Magnes Press (Hebrew University).

Levin, Eve. 1983. "Women and Property in Medieval Novgorod: Dependence and Independence," *Russian History*, 10: 154–69.

Levy, Sandry. 1983. "Women and the Control of Property in Sixteenth-Century Muscovy," *Russian History*, 10: 201–12.

Lewis, Barbara. 1976. "The Limitations of Group Action among Entrepreneurs: The Market Women of Abidjan, Ivory Coast," in *Women in Africa: Studies in Social and Economic Change*, ed. Nancy J. Hafkin and Edna G. Bay. Stanford, Calif.: Stanford University Press.

———. 1982. "Women in Development Planning: Advocacy, Institutionalization and Implementation," in *Perspectives on Power: Women in Africa, Asia, and Latin America*, ed. Jean F. O'Barr. Durham, N. C.: Center for International Studies, Duke University. Pp. 102–18.

———. 1984. "The Impact of Development Policies on Women," in *African Women South of the Sahara*, ed. Margaret Jean Hay and Sharon Stichter. London and New York: Longman. Pp. 170–87.

Lewis, Patricia. 1979. "Mortgages in the Bordelais and Bazadais," *Viator*, 10: 23–38.

Lipman, Vivian D. 1967. *The Jews of Medieval Norwich*. London: Jewish Historical Society of England.

Little, Kenneth. 1973. *African Women in Towns: An Aspect of Africa's Social Revolution*. Cambridge: Cambridge University Press.

———. 1975. "Some Methodological Considerations in the Study of African Women's Urban Roles," *Urban Anthropology*, 4: 107–21.

———. 1980. *The Sociology of Urban Women's Image in African Literature*. London: Macmillan.

Little, Lester. 1971. "Pride Goes Before Avarice: Social Change and the Vices in Latin Christendom," *American Historical Review*, 76: 16–49.

1978. *Religious Poverty and the Profit Economy in Medieval Europe*. London: P. Elek; Ithaca, N.Y.: Cornell University Press.

Loeb, Isadore. 1884. "Deux Livres de commerce du commencement du XIVe siècle," *Revue des études juives*, 8: 161–96.

Loevinson, Ermanno. 1932a. "La Concession de banques de prêts aux juifs par les

Papes des seizième et dix-septième siècles," part I, *Revue des études juives*, 92: 1–30.
———. 1932b. Part II. Ibid. 93: 27–52
———. 1932c. Part III. Ibid. 93: 157–78.
———. 1933a. Part IV. Ibid. 94: 57–72.
———. 1933b. Part V. Ibid. 94: 167–83.
———. 1933c. Part VI. Ibid. 95: 23–43.
Lopez, Robert. 1971. *The Commercial Revolution of the Middle Ages, 950-1350*. Englewood Cliffs, N.J.: Prentice-Hall.
Lowenthal, David. 1990. "Degradation and Celebration: Caribbean Environments and Indigenes," *Journal of Historical Geography*, 16: 223–29.
Lüthy, Herbert. 1959–1961. *La Banque protestante en France de la Révocation de l'Édit de Nantes à la Révolution*. 2 vols. Paris: SEVPEN.
Luzzatto, Gino. 1902. *I Banchieri ebrei in Urbino nell'età ducale*. Padua: Società Cooperativa Tipografica.
McAlister, E. Ray. 1975. *An Empirical Analysis of Retail Revolving Credit*. West Lafayette, Ind.: Credit Research Center, Purdue University.
MacGaffey, Janet. 1986. "Women and Class Formation in a Dependent Economy; Kisangani Entrepreneurs," in *Women and Class in Africa*, ed. Claire Robertson and Iris Berger. New York and London: Africana Publishing. Pp. 161–77.
———. 1988. "Evading Male Control: Women in the Second Economy in Zaire," in *Patriarchy and Class: African Women in the Home and Workplace*, ed. Sharon B. Stichter and Jane L. Parpart. Boulder, Colo.: Westview Press. Pp. 161–76.
McGuire, Brian. 1982. *The Cistercians in Denmark*. Kalamazoo, Mich.: Cistercian Publications.
McIntosh, Marjorie. 1986. *Autonomy and Community: The Royal Manor of Havering, 1200–1500*. Cambridge: Cambridge University Press.
———. 1988. "Money Lending on the Periphery of London, 1300–1600," *Albion*, 20: 557–71.
McLaughlin, T. 1939. "The Teaching of the Canonists on Usury," *Medieval Studies*, 1: 81–147.
———. 1940. Ibid., 2: 1–22.
Madrigal, Moon. 1979. *The Role of Women in Korean Society with Emphasis on the Economic System*. Palo Alto, Cal.: R & E Research Associates.
Mandell, Lewis, and Neil Murphy. 1976. *Bank Cards*. Washington, D.C.: American Institute of Banking.
Marsh, Robin. 1983. *Development Strategies in Rural Colombia: The Case of Caquetá*. Los Angeles: Latin American Center, University of California-Los Angeles.
Martin, Lawrence. 1979. "The Earliest Versions of the Latin *Somniale Danielis*," *Manuscripta*, 23: 131–41.
Massiah, Joycelin. 1984. "Indicators of Women in Development: A Preliminary Framework for the Caribbean," in *Women, Work and Development*, ed. Margaret Gilland and Joycelin Massiah. Cave Hill, Barbados: Institute for Social and Economic Research (Eastern Caribbean), University of West Indies. Pp. 41–129.
———. 1986. "Postscript: The Utility of WCIP Research in Social Policy Formation," *Social and Economic Studies*, 35: 157–201.

Mayhew, N. J. 1987. "Money and Prices in England from Henry II to Edward III," *Agricultural History Review*, 35: 121–32.
Menkes, Fred. 1971. "Une communauté juive en Provence au XIVe siècle: Étude d'un groupe social," *Le Moyen Age*, 77: 277–303, 417–50.
Mertes, Kate. 1988. *The English Noble Household 1250 to 1600: Good Governance and Politic Rule*. Oxford: Basil Blackwell.
Mintz, Sidney. 1960. "A Tentative Typology of Eight Haitian Marketplaces," *Revista de ciencias sociales*, 4: 15–57.
———. 1971. "Men, Women and Trade," *Comparative Studies in Society and History*, 13: 247–69.
———. 1974a. *Caribbean Transformations*. Chicago: Aldine.
———. 1974b. "Les Rôles économiques et la tradition culturelle," in *La Femme de couleur en Amérique latine*, ed. Roger Bastide. Paris: Éditions Anthropos. Pp. 115–48.
———. 1978. "Caribbean Marketplaces and Caribbean History," *Nova Americana*, 1: 333–44.
———. 1984. "Africa *of* Latin America: An Unguarded Reflection," in *Africa in Latin America: Essays on History, Culture, and Socialization*, ed. M. Moreno Fraginals. Tr. L. Blum. New York: Holmes and Meier. Pp. 286–305.
Miracle, Marvin, Diane Miracle,, and Laurie Cohen. 1979–1980. "Informal Savings Mobilization in Africa," *Economic Development and Cultural Change*, 28: 700–724.
Moen, Elizabeth, Elise Boulding, Jane Lillydahl, and Risa Palm. 1981. *Women and the Social Costs of Economic Development: Two Colorado Case Studies*. Boulder, Colo.: Westview Press.
Moreau, Marthe. 1988. *L'Âge d'or des religieuses: Monastères féminins du Languedoc méditerranéen au moyen âge*. Cahors: Presses du Languedoc.
Morenzoni, Franco. 1992. "Les Prêteurs d'argent et leurs clients dans le Valais savoyard à la veille de la peste noire. La Casane de Sembrancher ent 1347," *Schweizerische Zeitschrift für Geschichte*, 42: 1–27.
Morrissey, Marietta. 1989. *Slave Women in the New World: Gender Stratification in the Caribbean*. Lawrence: University Press of Kansas.
Mundill, Robin. 1991. "Lumbard and Son: The Businesses and Debtors of Two Jewish Moneylenders in Late Thirteenth-Century England," *Jewish Quarterly Review*, 82: 137–70.
Mundy, John. 1982. "Urban Society and Culture: Toulouse and Its Region," in *Renaissance and Renewal in the Twelfth Century*, ed. Robert L. Benson and Giles Constable. Cambridge, Mass.: Harvard University Press. Pp. 229–47.
———. 1987. "Les Femmes à Toulouse au temps des Cathares," *Annales: ESC*, 42: 117–34.
Muntemba, Maud. 1982. "Women and Agricultural Change in the Railway Region of Zambia: Dispossession and Counterstrategies, 1930–1970," in *Women and Work in Africa*, ed. Edna G. Bay. Boulder, Colo.: Westview Press. Pp. 83–103.
Nahon, Gérard. 1969. "Le Crédit et les juifs dans la France du XIIIe siècle," *Annales: ESC*, 24: 1121–48.
Nelson, Benjamin. 1969. *The Idea of Usury: From Tribal Brotherhood to Universal Otherhood*. 2nd ed. Chicago: University of Chicago Press.

Nelson, Nici. 1979. "How Women and Men Get By: The Sexual Division of Labour in the Informal Sector of a Nairobi Squatter Settlement," in *Casual Work and Poverty in Third World Cities*, ed. Ray Bromley and Chris Gerry. Chichester and New York: Wiley. Pp. 283–302.

New York Times. 1990. "Credit as a Human Right." 2 April. P. A 17.

Nguyen Van Vinh. 1949. *Savings and Mutual Lending Societies (*Ho*)* (typescript on deposit, Firestone Library, Princeton University).

Nicholas, David. 1985. *The Domestic Life of a Medieval City: Women, Children, and the Family in Fourteenth-Century Ghent*. Lincoln and London: University of Nebraska Press.

Nichols, Nancy. 1989. "'How's Your Bank, Honey?'" *Ms.*, 17: 142.

Noonan, John T. 1957. *The Scholastic Analysis of Usury*. Cambridge, Mass.: Harvard University Press.

Norton, Ann, and Richard Syzmanski. 1975. "The Internal Marketing Systems of Jamaica," *Geographical Review*, 65: 461–75.

Nwihim, Martha. 1983. "Economic Role Played by Nigerian Women," in *The Role of Women in the Process of Development*, ed. G. Ssenkoloto (Cahiers no. 7). Douala: Institut Panafricain pour le Développement. Pp. 113–18.

Obbo, Christine. 1980. *African Women: Their Struggle for Economic Independence*. London: Zed Press.

Ocharo, A. O. 1975. "The Disparity and Relationship of Rural Markets in East Kasipul, South Nyanza, Kenya," in *Geographical Studies on Rural Markets in East Africa from Makerere*, ed. B. Langlands. Kampala: Department of Geography, Makerere University. Pp. 7–40.

Ortiz, Sutti. 1967. "Colombian Rural Market Organisation: An Exploratory Model," *Man*, 2: 393–414.

Parpart, Jane L., ed. 1989. *Women and Development in Africa: Comparative Perspectives*. Lanham, Md.: University Press of America.

Pauly, August Friedrich von. 1894–. *Realencyclopädie der classischen Alterthumswissenschaft*. 34 vols. and 15 supplementary vols. to date. Stuttgart: Metzler.

Pellow, Deborah. 1978. "Work and Autonomy: Women in Accra," *American Ethnologist*, 5: 770–85.

Penn, Simon. 1987. "Female Wage-Earners in Late Fourteenth-Century England," *Agricultural History Review*, 35: 1–15.

Per-Lee, Dianne. 1984. "Street Vendors," in *Women and Work in India: Continuity and Change*, ed. Joyce Lebra, Joy Paulson, and Jana Everett. New Delhi: Promilla. Pp. 184–200.

Piel, Margaret. 1979. "Host Reactions: Aliens in Ghana," in *Strangers in African Societies*, ed. William A. Shack and Elliott P. Skinner. Berkeley: University of California Press. Pp. 123–40.

Pirenne, Henri. 1937. *Economic and Social History of Medieval Europe*. Tr. I. Clegg. New York: Harcourt, Brace, and World.

Poliakov, Léon. 1977. *Jewish Bankers and the Holy See: From the Thirteenth to the Seventeenth Century*. Tr. Miriam Kochan. London: Routledge and Kegan Paul.

Pollak-Eltz, Angelina. 1974. "La Femme de couleur au Vénézuela," in *La Femme*

de couleur en Amérique latine, ed. Roger Bastide. Paris: Éditions Anthropos. Pp. 221–46.
Pollock, Frederick, and Frederic William Maitland. 1968/1898. *The History of English Law Before the Time of Edward I*. 2nd ed. 2 vols. Cambridge: Cambridge University Press.
Postan, Michael. 1927–1928. "Credit in Medieval Trade," *Economic History Review*, 1: 234–61.
Powell, James. Unpub. "The Role of Women in the Fifth Crusade."
Power, Eileen. 1975. *Medieval Women*. ed. M. M. Postan. Cambridge: Cambridge University Press.
Powicke, Maurice. 1961. *The Loss of Normandy, 1189–1204: Studies in the History of the Angevin Empire*. 2nd ed. Manchester: Manchester University Press.
Prior, Mary. 1990. "Wives and Wills 1558–1700," in *English Rural Society, 1500–1800: Essays in Honour of Joan Thirsk*, ed. John Chartres and David Hey. Cambridge: Cambridge University Press. Pp. 201–25.
Prochaska, David. 1987. "Cagayous of Algiers." Unpublished Davis Seminar Paper, Princeton University.
———. 1990. *Making Algeria French: Colonialism in Bône, 1870–1920*. Cambridge: Cambridge University Press.
Pullan, Brian. 1987. "Jewish Moneylending in Venice: From Private Enterprise to Public Service," in *Gli Ebrei e Venezia: secoli XIV–XVIII*, ed. Gaetano Cozzi. Milan: Edizioni Comunità. Pp. 671–86.
Queller, Donald, and Thomas Madden. Unpub. "Father of the Bride: Fathers, Daughters, and Dowries in Late Medieval and Early Renaissance Venice."
Raban, Sandra. 1982. *Mortmain Legislation and the English Church, 1279–1500*. Cambridge: Cambridge University Press.
Rabelais, François. [1955]. *The Histories of Gargantua and Pantagruel*. Tr. J. Cohen. Harmondsworth: Penguin.
Reichel-Dolmatoff, Inès. 1974. "Aspects de la vie de la femme noire dans le passé et de nos jours en Colombie (côte atlantique)," in *La Femme de couleur en Amérique latine*, ed. Roger Bastide. Paris: Éditions Anthropos. Pp. 247–65.
Ravensdale, Jack. 1984. "Population Changes and the Transfer of Customary Land on a Cambridgeshire Manor in the Fourteenth Century," in *Land, Kinship and the Life-Cycle*, ed. Richard M. Smith. Cambridge: Cambridge University Press. Pp. 197–225.
Ravid, Benjamin. 1989. "An Autobiographical Memorandum by Daniel Rodriga, *Inventore* of the *Scala* of *Spalato*," in *The Mediterranean and the Jews: Banking, Finance and International Trade (XVI–XVIII Centuries)*, ed. Ariel Toaff and Simon Schwarzfuchs. Ramat-Gan: Bar-Ilan University Press. Pp. 189–213.
Reyerson, Kathryn. 1985. *Business, Banking and Finance in Medieval Montpellier*. Toronto: Pontifical Institute of Mediaeval Studies.
———. 1986. "Women in Business in Medieval Montpellier," in *Women and Work in Preindustrial Europe*, ed. Barbara A. Hanawalt. Bloomington: Indiana University Press. Pp. 117–44.
Richardson, Henry. 1960. *English Jewry Under the Angevin Kings*. London: Methuen.

Riemer, Eleanor. 1985. "Women, Dowries, and Capital Investment in Thirteenth Century Siena," in *The Marriage Bargain: Women and Dowries in European History*, ed. Marion A. Kaplan. New York: Haworth Press. Pp. 59–79.

Rigg, James, ed. 1905–1972. *Calendar of the Plea Rolls of the Exchequer of the Jews*. 4 vols. London: Dawson.

Roach, Andrew. 1986. "The Cathar Economy," *Reading Medieval Studies*, 12: 51–71.

Robertson, Claire. 1976. "Ga Women and Socioeconomic Change in Accra, Ghana," in *Women in Africa: Studies in Social and Economic Change*, ed. Nancy J. Hafkin and Edna G. Bay. Stanford, Calif.: Stanford University Press. Pp. 113–33.

———. 1984. "Women in the Urban Economy," in *African Women South of the Sahara*, ed. Margaret Jean Hay and Sharon Stichter. London and New York: Longman. Pp. 33–50.

Robins, Gay. 1989. "Some Images of Women in New Kingdom Art and Literature," in *Women's Earliest Records from Ancient Egypt and Western Asia*, ed. Barbara S. Lesko. Atlanta: Scholars Press. Pp. 105–21.

Rosen, Josef. 1987. "Two Municipal Accounts: Frankfurt and Basel in 1428," *Journal of European Economic History*, 16: 363–88.

Rosenthal, Gilbert, ed. 1962. *Banking and Finance Among Jews in Renaissance Italy: A Critical Edition of* The Eternal Life (Haye Olam) *by Yehiel Nissim da Pisa*. New York: Bloch.

Ross, Charles, ed. 1959. *Chartulary of St. Mark's Hospital, Bristol*. Bristol: Bristol Record Society.

Ross, Ellen. Unpub. Section on "Pawning and Power" from unpublished manuscript on "Love and Labor in Outcast London."

Rostovtzeff, Michael. 1941. *The Social and Economic History of the Hellenistic World*. 3 vols. Oxford: Clarendon Press.

———. 1957. *The Social and Economic History of the Roman Empire*. 2nd ed. 2 vols. Oxford: Clarendon Press.

Roth, Cecil. 1964. *A History of the Jews in England*. 3rd ed. Oxford: Clarendon Press.

Rubin, Miri. 1987. *Charity and Community in Medieval Cambridge*. Cambridge: Cambridge University Press.

Sabean, David. 1990. *Property, Production, and Family in Neckarhausen, 1700–1870*. Cambridge: Cambridge University Press.

Safa, Helen. 1986. "Economic Autonomy and Sexual Equality in Caribbean Society," *Social and Economic Studies*, 35: 1–21.

———. 1990. "Women and Industrialisation in the Caribbean," in *Women, Employment and the Family in the International Division of Labour*, ed. Sharon Stichter and Jane L. Parpart. London: Macmillan. Pp. 72–97.

Sahlins, Marshall. 1972. *Stone Age Economics*. Chicago: Aldine-Atherton.

Samsonowicz, Henryk. 1988. "Les Villes d'Europe centrale à la fin du moyen âge," *Annales: ESC*, 43: 173–84.

Saul, Mahir. 1981. "Beer, Sorghum and Women: Production for the Market in Rural Upper Volta," *Africa: Journal of the International African Institute*, 51: 746–64.

———. 1987. "The Organization of a West African Grain Market," *American Anthropologist*, 89: 74–95.
Saulniers, Suzanne Smith, and Cathy Rakowski. 1977. *Women in the Development Process: A Select Bibliography on Women in Sub-Saharan Africa and Latin America*. Austin: Institute of Latin American Studies, University of Texas.
Schildkrout, Enid. 1979. "The Ideology of Regionalism in Ghana," in *Strangers in African Societies*, ed. William A. Shack and Elliott P. Skinner. Berkeley: University of California Press. Pp. 183–207.
———. 1982. "Dependence and Autonomy: The Economic Activities of Secluded Hausa Women in Kano, Nigeria," in *Women and Work in Africa*, ed. Edna G. Bay. Boulder, Colo.: Westview Press. Pp. 55–81.
Schilperoort, Gijsbert. 1933. *Le Commerçant dans la littérature française du moyen âge (caractère, vie, position sociale)*. Groningen and The Hague: Wolters.
Schneider, Reinhard. 1975. "Güter- und Gelddepositen in Zisterzienserklöstern," *Zisterzienser-Studien*, 1: 97–126.
Schuster, Ilsa. 1982. "Marginal Lives: Conflict and Contradiction in the Position of Female Traders in Lusaka, Zambia," in *Women and Work in Africa*, ed. Edna G. Bay. Boulder, Colo.: Westview Press. Pp. 105–26.
Schwarzfuchs, Simon. 1989. "Quand Commença le déclin de l'industrie textile des juifs de Salonique," in *The Mediterranean and the Jews: Banking, Finance and International Trade (XVI–XVIII Centuries)*, ed. Ariel Toaff and Simon Schwarzfuchs. Ramat-Gan: Bar-Ilan University Press. Pp. 215–35.
Schwimmer, Brian. 1979. "Market Structure and Social Organization in a Ghanaian Marketing System," *American Ethnologist*, 6: 682–701.
Searle, Eleanor. 1974. *Lordship and Community: Battle Abbey and Its Banlieu, 1066–1538*. Toronto: Pontifical Institute of Mediaeval Studies.
Seduro, Vladimir. 1977. *Dostoevsky in Russian and World Theatre*. North Quincy, Mass.: Christopher Publishing House.
Segre, Renata. 1986. *The Jews in Piedmont*, I: *1297–1582*. Jerusalem: Israel Academy of Sciences and Humanities.
Shahar, Shulamith. 1983. *The Fourth Estate: A History of Women in the Middle Ages*. Tr. C. Galai. London and New York: Methuen.
Shatzmiller, Joseph. 1989. "Travelling in the Mediterranean in 1563: The Testimony of Eliahu of Pesaro," in *The Mediterranean and the Jews: Banking, Finance and International Trade (XVI–XVIII Centuries)*, ed. Ariel Toaff and Simon Schwarzfuchs. Ramat-Gan: Bar-Ilan University Press. Pp. 237–48.
———. 1990. *Shylock Reconsidered: Jews, Moneylending, and Medieval Society*. Berkeley: University of California Press.
Shaw, R. Paul. 1981. "Women's Employment in the Arab World," *Development and Change*, 12: 237–71.
Shipley, Neal. 1976. "Thomas Sutton: Tudor-Stuart Moneylender," *Business History Review*, 50: 456–76.
Shmuelevitz, Aryeh. 1984. *The Jews of the Ottoman Empire in the Late Fifteenth and the Sixteenth Centuries: Administrative, Economic, Legal and Social Relations as Reflected in the Responsa*. Leiden: Brill.

Shohet, David. 1974/1931. *The Jewish Court in the Middle Ages*. New York: Commanday-Roth. Reprint New York: Hermon Press.

Sidebotham, Steven. 1986. *Roman Economic Policy in the Erythra Thalassa: 30 B.C.–A.D. 217*. Leiden: Brill.

Simonsohn, Shlomo. 1977. *History of the Jews in the Duchy of Mantua*. Jerusalem: Kiryath Sepher.

———. 1982–1986. *The Jews in the Duchy of Milan*. 4 vols. Jerusalem: Israel Academy of Sciences and Humanities.

Simpson, George. 1942. "Sexual and Familial Institutions in Northern Haiti," *American Anthropologist*, 44: 655–74.

Skinner, G. William. 1964. "Marketing and Social Structure in Rural China, Part I," *Journal of Asian Studies*, 24: 3–43.

Snape, Robert. 1926. *English Monastic Finances in the Later Middle Ages*. Cambridge: Cambridge University Press.

Somers, J. 1980. "Bijdrage tot de Geschiedenis van de Lombarden in Brabant tijdens de late Middeleeuwen." Master's thesis, Catholic University of Louvain.

Sorensen, Clark. 1983. "Women, Men; Inside, Outside: The Division of Labor in Rural Central Korea," in *Korean Women: View from the Inner Room*, ed. Laurel Kendall and Mark Peterson. New Haven, Conn.: East Rock Press. Pp. 63–79.

Staudt, Kathleen. 1982. "Women Farmers and Inequities in Agricultural Services," in *Women and Work in Africa*, ed. Edna G. Bay. Boulder, Colo.: Westview Press. Pp. 207–24.

———. 1986. "Stratification: Implications for Women's Politics," in *Women and Class in Africa*, ed. Claire Robertson and Iris Berger. New York and London: Africana Publishing. Pp. 197–215.

Stichter, Sharon. 1984. "Appendix: Some Selected Statistics on African Women," in *African Women South of the Sahara*, ed. Margaret Jean Hay and Sharon Stichter. London and New York: Longman. Pp. 188–94.

Stirrat, R. L. 1989. "Money, Men and Women," in *Money and the Morality of Exchange*, ed. J. Parry and M. Bloch. Cambridge: Cambridge University Press. Pp. 94–116.

Stow, Kenneth. 1981. "Papal and Royal Attitudes Toward Jewish Lending in the Thirteenth Century," *AJSreview*, 6: 161–83.

———. 1987. "The Jewish Family in the Rhineland in the High Middle Ages: Form and Function," *American Historical Review*, 92: 1085–1110.

Stow, Kenneth, and Sandra Stow. 1986. "Donne ebree a Roma nell'età de ghetto: affetto, dipendenza, autonomia," *Rassegna mensile di Israel*, 52: 63–116.

Sudarkasa, Niara. 1973. *Where Women Work: A Study of Yoruba Women in the Marketplace and in the Home*. Ann Arbor: University of Michigan Press.

Swain, John T. 1986. *Industry Before the Industrial Revolution: North-East Lancashire, c. 1500–1640*. Manchester: Manchester University Press.

Swanson, Heather. 1989. *Medieval Artisans: An Urban Class in Late Medieval England*. Oxford: Basil Blackwell.

Szanton, M. Christina. 1982. "Women and Men in Iloilo, Philippines: 1903–1970," in *Women of Southeast Asia*, ed. Penny Van Esterik. Dekalb, Ill.: Center for Southeast Asia Studies, Northern Illinois University. Pp. 124–53.

Tallan, Cheryl. 1991. "Medieval Jewish Widows: Their Control of Resources," *Jewish History*, 5: 63–74.
Taplin, Ruth. 1989. *Economic Development and the Role of Women: An Interdisciplinary Approach*. Aldershot: Gower.
Tawney, Richard. 1925. "Introduction," in Thomas Wilson, *A Discourse upon Usury*. New York: Harcourt, Brace. Pp. 1–172.
Taylor, George. 1962. "The Paris Bourse on the Eve of the Revolution, 1781–1789," *American Historical Review*, 67: 951–77.
Tebbutt, Melanie. 1983. *Making Ends Meet: Pawn Broking and Working-Class Credit*. New York: St. Martin's Press.
Thiriot, G. 1926. *Les Carmélites de Metz*. Metz: Imprimerie Lorraine.
Tillotson, John. 1989. *Marrick Priory: A Nunnery in Late Medieval Yorkshire*. Borthwick Papers, No. 75.
Tinker, Irene. 1990. "The Making of a Field: Advocates, Practitioners, and Scholars," in *Persistent Inequalities: Women and World Development*, ed. Irene Tinker. New York: Oxford University Press. Pp. 27–53.
Toaff, Ariel. 1979. *The Jews in Medieval Assisi 1305–1487: A Social and Economic History of a Small Jewish Community in Italy*. Florence: L. S. Olschki.
———. 1983. "Gli Ebrei romani e il commercio del denaro nei comuni dell'Italia centrale alla fine del duecento," in *Italia Judaica*. Rome. Pp. 183–96.
Toch, Michael. 1982. "Geld und Kredit in einer spätmittelalterlichen Landschaft: Zu einem unbeachteten hebraïschen Schuldenregister aus Niederbayern (1329–1332)," *Deutsches Archiv*, 38: 499–550.
Todd, Barbara. 1990. "Freebench and Free Enterprise: Widows and Their Property in Two Berkshire Villages," in *English Rural Society, 1500–1800: Essays in Honour of Joan Thirsk*, ed. John Chartres and David Hey. Cambridge: Cambridge University Press. Pp. 175–200.
Udovitch, Abraham. 1967. "Credit as a Means of Investment in Medieval Islamic Trade," *Journal of the American Oriental Society*, 87: 260–64.
Udry, Christopher. 1990. "Credit Markets in Northern Nigeria: Credit as Insurance in a Rural Economy," *World Bank Economics Review*, 4: 251–69.
Uitz, Erika. 1986. "Die Frau im Berufsleben der spätmittelalterlichen Stadt, untersucht am Beispiel von Städten auf dem Gebiet der Deutschen Demokratischen Republik," in *Frau und spätmittelalterlicher Alltag*. Vienna: Verlag der Österreichischen Akademie der Wissenschaften. Pp. 439–73.
Ulrich, Laurel. 1988. "Martha Ballard and Her Girls: Women's Work in Eighteenth-Century Maine," in *Work and Labor in Early America*, ed. Stephen Innes. Chapel Hill and London: University of North Carolina Press. Pp. 70–105.
———. 1990. *A Midwife's Tale: The Life of Martha Ballard, Based on Her Diary, 1785–1812*. New York: Knopf.
United Nations. 1972. Economic Commission for Africa, "Women: The Neglected Human Resource for African Development," *Canadian Journal of African Studies*, 6: 359–70.
Unwin, Tim. 1981. "Rural Marketing in Medieval Nottinghamshire," *Journal of Historical Geography*, 7: 231–51.

Usilton, Larry. 1980. "Edward I's Exploitation of the Corrody System," *American Benedictine Review*, 31: 222–36.

Valois, Noël. 1908. "Un Plaidoyer du XIVe siècle en faveur des Cisterciens," *Bibliothèque de l'École de chartes*, 69: 352–68.

Vanja, Christina. 1984. *Besitz- und Sozialgeschichte der Zisterzienserinnenklöster Caldern und Georgenberg und des Prämonstratenserinnenstiftes Hachborn in Hessen im späten Mittelalter*. Darmstadt and Marburg: Hessische Historische Kommission.

———. 1986. "Frauen im Dorf: Ihre Stellung unter besonderer Berücksichtigung landgräflich-hessischer Quellen des späten Mittelalters," *Zeitschrift für Agrargeschichte und Agrarsoziologie*, 34: 147–59.

Vassberg, David. 1984. *Land and Society in Golden Age Castile*. Cambridge: Cambridge University Press.

Vassoigne, Yolène de. 1974. "La Femme dans la société antillaise 'française'," in *La Femme de couleur en Amérique latine*, ed. Roger Bastide. Paris: Éditions Anthropos. Pp. 193–209.

Veenhof, K. R. 1972. *Aspects of Old Assyrian Trade and Its Terminology*. Leiden: Brill.

Veinstein, Gilles. 1987. "Une Communauté ottomane: les juifs d'Avlonya (Valona) dans la deuxième moitié du XVI siècle," in *Gli Ebrei e Venezia: secoli XIV–XVIII*, ed. Gaetano Cozzi. Milan: Edizioni Comunità. Pp. 781–828.

Velde, François R., and David R. Weir. 1992. "The Financial Market and Government Debt Policy in France, 1746–1793," *Journal of Economic History*, 52: 1–39.

Vélez-Ibañez, Carlos. 1983. *Bonds of Mutual Trust: The Cultural Systems of Rotating Credit Associations among Urban Mexicans and Chicanos*. New Brunswick, N. J.: Rutgers University Press.

Vercruijsse, Emile. 1984. *The Penetration of Capitalism: A West African Case Study*. London: Zed Press.

Verdon, Jean. 1986. "La Vie quotidienne de la femme en France au bas moyen âge," in *Frau und spätmittelalterlicher Alltag*. Vienna: Verlag der Osterreichischen Akademie der Wissenschaften. Pp. 325–86.

Ville, Simon. 1987. *English Shipowning During the Industrial Revolution: Michael Henley and Son, London Shipowners, 1770–1830*. Manchester: Manchester University Press.

Vincent, Jeanne-Françoise. 1966. *Femmes africaines en milieu urbain*. Paris: Office de la Recherche Scientifique et Technique Outre-Mer.

Von der Mehden, Fred. 1968. *Religion and Nationalism in Southeast Asia*. Madison: University of Wisconsin Press.

Wagner, Heinrich, ed. 1987. *Regesten der Zisterzienserabtei Bildhausen, 1158–1525*. Würzburg: F. Schoningh.

Wales, Tim. 1984. "Poverty, Poor Relief and the Life Cycle: Some Evidence from Seventeenth-Century Norfolk," in *Land, Kinship and Life-Cycle*, ed. Richard M. Smith. Cambridge: Cambridge University Press.

Warner, John. 1976. "Survey of the Market System in the Nochixtlán Valley and the Mixteca Alta," in *Markets in Oaxaca*, ed. Scott Cook and Martin Diskin. Austin and London: University of Texas Press. Pp. 107–31.

Weill, G. 1966. "Les Juifs dans le Barrois et la Meuse du moyen âge à nos jours," *Revue des études juives*, 125: 287–301.
Weisser, Michael. 1987. "Rural Crisis and Rural Credit in XVIIth-Century Castile," *Journal of European Economic History*, 16: 297–313.
Werbner, Pnina. 1988. "Taking and Giving: Working Women and Female Bonds in a Pakistani Immigrant Neighbourhood," in *Enterprising Women: Ethnicity, Economy, and Gender Relations*, Sallie Westwood and Parminder Bhachu. London and New York: Routledge. Pp. 177–202.
Wernham, Monique. 1979. "La Communauté juive de Salon-de-Provence d'après les actes notariés." Thèse de doctorat de 3ème cycle, University of Aix-en-Provence.
Wharton, C. R. 1962. "Marketing, Merchandising, and Moneylending: A Note on Middleman Monopsony in Malaya," *Malayan Economic Review*, 7: 24–44.
White, E. Frances. 1982. "Women, Work, and Ethnicity: The Sierra Leone Case," in *Women and Work in Africa*, ed. Edna G. Bay. Boulder, Colo.: Westview Press. Pp. 19–33.
———. 1987. *Sierra Leone's Settler Women Traders: Women on the Afro-European Frontier*. Ann Arbor: University of Michigan Press.
White, Louise. 1988. "Domestic Labor in a Colonial City: Prostitution in Nairobi, 1900–1952," in *Patriarchy and Class: African Women in the Home and Workplace*, ed. Sharon Stichter and Jane L. Parpart. Boulder, Colo.: Westview Press. Pp. 139–60
Whyte, Robert, and Pauline Whyte. 1982. *The Women of Rural Asia*. Boulder, Colo.: Westview Press.
Wiesner [Wood], Merry. 1981. "Paltry Peddlers or Essential Merchants? Women in the Distributive Trades in Early Modern Nuremberg," *Sixteenth Century Journal*, 12: 3–13.
Wikan, Unni. 1982. *Behind the Veil in Arabia: Women in Oman*. Baltimore and London: Johns Hopkins University Press.
Willan, Thomas Stuart. 1980. *Elizabethan Manchester*. Manchester: Manchester University Press for the Chetham Society.
Williams, S. K. 1978. *Rural Development in Nigeria*. Ile-Ife: University of Ife Press.
Wittmer, Charles, ed. 1946. *L'Obituaire des dominicaines d'Unterlinden*. Strasbourg and Zürich: Société Savante d'Alsace.
Wolf, Margery. 1972. *Women and the Family in Rural Taiwan*. Stanford, Calif.: Stanford University Press.
Wood, L. J. 1974. *Market Origins and Development in East Africa*. Kampala: Department of Geography, Makerere University.
World Bank. 1989. *Kenya: The Role of Women in Economic Development*. Washington, D.C.: World Bank.
World Bank. 1990. *Bangladesh: Strategies for Enhancing the Role of Women in Economic Development*. Washington, D.C.: World Bank.
Wright, Sue. 1985. "'Churmaids, Huswyfes and Hucksters': The Employment of Women in Tudor and Stuart Salisbury," in *Women and Work in Pre-Industrial England*, ed. Lindsey Charles and Lorna Duffin. London: Croom Helm. Pp. 100–121.

Wrightson, Keith, and David Levine. 1979. *Poverty and Piety in an English Village: Terling, 1525–1700*. New York: Academic Press.
Yang, Ching-Kun. 1944. *A North China Local Market Economy*. New York: Institute of Pacific Relations.
Young, Kate, ed. 1988. *Women and Economic Development: Local, Regional and National Planning Strategies*. Oxford: UNESCO.
Youssef, Nadia, and Carol Hetler. 1983. "Establishing the Economic Condition of Women-Headed Households in the Third World: A New Approach," in *Women and Poverty in the Third World*, ed. Mayra Buvinić et al. Baltimore and London: Johns Hopkins University Press. Pp. 216–43.
Zenner, Walter. 1991. *Minorities in the Middle: A Cross-Cultural Analysis*. Albany: State University of New York Press.